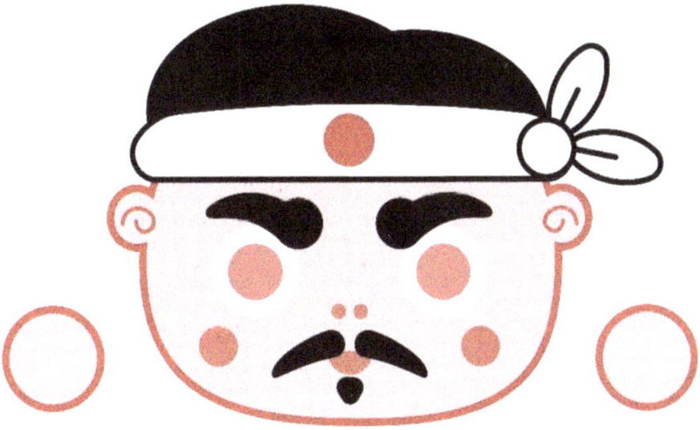

Ciao!

*Qui parla **Davide**, fondatore di "Ti va di giappare?", un modo nuovo di imparare il giapponese. Insieme a **Debora** e **Fabrizio** (il team migliore del West) andrò a sfatare tutti i miti sui viaggi in Giappone.* **È vero che costa troppo? È vero che serve parlare giapponese? È vero che si mangia solo sushi?**

Scopriremo la sorprendente verità e insieme prepareremo tutto il necessario per il tuo viaggio economico in Giappone: com'è il paese, quando andare, la moneta, il volo, i bagagli, cosa mangiare, cosa portarsi, come spostarsi, ma soprattutto come risparmiare senza farsi però mancare nulla. Insomma, il Giappone è lì che ti aspetta. Ti serve solo la chiave per accedere.

Davide

*Banzaaai! Si va in **Giappone**, il paese perfetto per ogni turista*

Icons made by Freepik from **www.flaticon.com**
Copertina di **Elena Carta**

Prima domanda: Come usare questa **Guida**?

*Questa guida ti spiegherà come organizzare un viaggio fai da te e **risparmiare molto** in Giappone senza rinunciare a comfort e divertimento*

Organizzare in autonomia un bel viaggio in Giappone per molte persone può essere un vero e proprio incubo, uno scoglio così grosso da superare che spesso si preferisce spendere migliaia di euro affidandosi ad agenzie e tour, rinunciando alla libertà di scegliere. No, no e no. Ti dimostro che puoi farcela in autonomia.

***IL CONSIGLIO PER RISPARMIARE!**
Non è necessario affidarsi ai classici viaggi organizzati. La Guida che stai leggendo ti farà risparmiare migliaia di euro e ti porterà per mano a realizzare la vacanza dei tuoi sogni in completa autonomia, cucita su misura in base alle tue esigenze, tempi e gusti. Stiamo per creare un viaggio fai da te.* Brindiamo, che ci sarà da divertirsi.

NAMA BIIRU, la birra alla spina. I giapponesi ne vanno matti. Chiedono sempre NAMA! NAMA!

Non si può avere l'ansia di organizzare un viaggio in un Paese che ti accoglie così.

にほん

ようこそ日本へ
Welcome to Japan
欢迎您到日本来
오세요

Non giudicarci. Dopo tutte quelle **ore di volo** si arriva stravolti, ok?

Con 'Organizza il tuo VIAGGIO ECONOMICO in Giappone' scoprirai davvero quanto è semplice organizzare la tua personale avventura, in modo divertente e stimolante, con consigli pratici per risparmiare, chicche, trucchi e curiosità.

Noi del Team TVDG abbiamo viaggiato per il Giappone in lungo e in largo da ormai più di quattordici anni, e il Paese del Sol Levante per noi non ha più segreti (no, scherzo. Di segreti e aspetti incomprensibili ce ne saranno sempre). È una nazione stupenda, e non c'è una sola volta che non ci abbia stupiti.

Con questa Guida vogliamo condividere tutto quello che abbiamo scoperto negli anni. Allora, vuoi intraprendere questo viaggio insieme a noi?

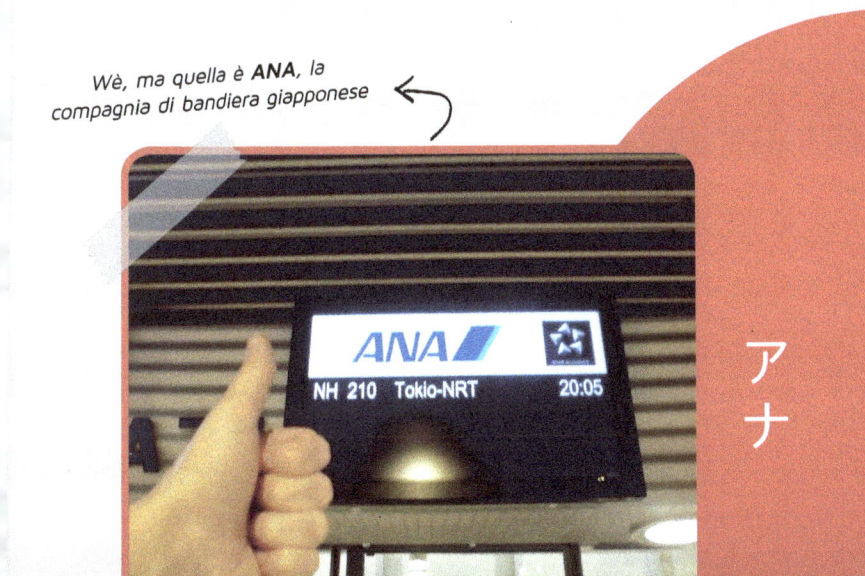

*Wè, ma quella è **ANA**, la compagnia di bandiera giapponese* ←

ア
ナ

INTRODUZIONE

イントロ

*"Anche un viaggio di mille miglia
inizia con un piccolo passo"*

Laozi

Quanto sono belle le immagini che rievocano il **Giappone**? Sole, mare, vulcan... Ah, no. Mi sto confondendo.

Chi sono
e perché il Giappone

*Buongiorno.
O meglio,
KONNICHIWA*

Rieccomi: sono sempre Davide (quello di TI VA DI GIAPPARE? Lo conosci? Dimmi di sì). Il mio lavoro è divulgare la lingua giapponese agli italiani e la lingua italiana ai giapponesi. Qualcuno doveva pur farlo. La prima volta che sono stato in Giappone era un mite novembre del 2010 ed ero uno sbarbatello di 18 anni freschi freschi.

Ai tempi, il Pokémon Center era nel quartiere Hamamatsucho, dimenticato da Dio.

Anno 2010, davanti al **Pokémon Center**, il mio primo amore, da dove tutto cominciò.

Quel mio primo viaggio meraviglioso è stato il coronamento di un sogno che avevo nel cassetto sin da bambino, quando mi innamorai del Giappone grazie al videogioco Pokémon Rosso. Sì, davvero, non sto a scherzà.

Ciò che sono oggi lo devo anche a quel gioco. In quegli anni poi esplose la cultura di **anime e manga**, che fecero innamorare del Giappone milioni di occidentali. E infatti eccoci qui.

Appena compiuti 18 anni, avevo qualche soldo da parte e comprai il mio bel biglietto per Tokyo e preparai un itinerario creato con **tanta fatica** guardando i pochi video esistenti su YouTube, qualche documentario e sito sul Giappone. Ripeto: era il 2010 e non c'era nulla che potesse aiutarmi senza ricorrere alle agenzie, ma nonostante ciò sono riuscito a partire lo stesso da solo (vabbè, con mia mamma).

Sono riuscito a spendere in tutto circa 2.000€... L'agenzia me ne chiedeva 6.000!

IL CONSIGLIO PER RISPARMIARE!
Trova il coraggio di fare le cose a modo tuo, e vedrai che soddisfazione e che risparmio! *Considera la preparazione e l'organizzazione come una parte del viaggio. Sembra complesso, ma mettersi qualche giorno a costruire il tuo itinerario personalizzato ti darà una soddisfazione incredibile. Se non sai come fare o da dove iniziare, siamo qui apposta. Questa Guida risponderà a tutte le tue domande e ti ordinerà le idee.*

> Rimani stregato e senti il bisogno di tornarci

E così sono rientrato in Italia bello carico di:
- nuove esperienze
- bei ricordi
- *mal di Giappone (saprai presto cos'è!)*

Appena sono tornato mi sono subito messo ad organizzare il mio secondo viaggio senza perdere tempo! Giuro, è una droga.

Ho condiviso esperienze fantastiche insieme alla mia compagna Debora, che mi ha sempre accompagnato in tutti i miei viaggi, perché *da soli è bello ma in compagnia è meglio.*

Abbiamo conosciuto un sacco di amici giapponesi che ci vengono spesso a trovare in Italia! Shota, Yuki, Takashi, Naomi... parlare giapponese ha i suoi vantaggi.

*Ci attendono tante avventure insieme. Allaccia le cinture che stiamo per partire alla scoperta del 日本 **NIHON**!*

Per tirare le somme, se stai leggendo questa Guida probabilmente hai già la tua risposta alla domanda "perché fare un viaggio in Giappone?". Io vorrei comunque darti la mia risposta, che ho maturato in questi anni.

Che tu sia amante della natura, degli sport, della cultura pop... che tu sia attratto dalle religioni orientali, dalla cucina esotica, dalla tradizione, dalla tecnologia, dalle spiagge tropicali, dai paesaggi di montagna, dal respirare una cultura totalmente differente da quella italiana, dallo scoprire un popolo che ti accoglierà con gentilezza... il Giappone è il paese che fa per te, in ogni caso.

*Appena arrivi all'aeroporto hai già un primo assaggio: precisione, bellezza, **pulizia** e **silenzio**. Spè, ti ho già detto che troverai anche **pulizia** e **silenzio**?*

ようこそ

IL PAESE

Com'è fatto e perché ti serve saperlo

日本

"La leggenda dice che gli antichi Dei hanno immerso una lama di corallo nell'oceano e al momento di estrarla quattro gocce perfette sono cadute nel mare diventando le isole del Giappone"

*Non lo so, Rick.
Mi sembra falso.*

Spè, come 6000 isole!?

Giappone in pillole

Il Giappone è suddiviso in **4 isole maggiori**, ma pensa che in totale sono 6852! Vabbè, faccio un riepilogo delle quattro più grosse:

KYUSHU. L'isola più a sud; il suo capoluogo è Fukuoka. Ha un clima **sub tropicale** e un aspetto selvaggio. Ci sono un sacco di sorgenti termali naturali ed è l'isola ideale per un viaggio avventuroso. La percepisci l'avventura?

La più grossa

HONSHU. L'isola più grande, centrale, dove si trovano **le città più importanti**, prima tra tutte la capitale Tokyo, insieme a Kyoto, Osaka, Hiroshima e Nara. È l'isola ideale per un primo viaggio alla scoperta del Giappone.

SHIKOKU. Una piccola isola a sud della sua sorellona Honshu; il suo capoluogo è Kochi. Qui si trova il famoso **pellegrinaggio** degli 88 templi. Lo conosci? No? È roba da pro.

HOKKAIDO. L'isola più a nord con capoluogo Sapporo (sì, quella della birra). Qui il clima è rigido, con **inverni freddi**, brr. Ancora più selvaggia del Kyushu, è l'ideale per gli amanti degli sport invernali e... boh? La birra?

È tipo il nostro Trentino. Sci, snowboard, neve e latte fresco. La differenza è che da qui si vede la Russia nelle giornate terse.

HOKKAIDO

L'isolona principale, enorme. Qui ci sono **le città più importanti e famose**, come Tokyo, Osaka, Kyoto, Casalpusterlengo... Ah, no.

HONSHU

SHIKOKU

KYUSHU

Un'isoletta minuscola e **molto spartana**, con pochi mezzi di trasporto, ma di templi ce n'è a bizzeffe.

Natura, **avventure** e un ramen ottimo. Che volere di più?

Ohhhh! Ma dov'è Okinawa? Spoiler: 800 km a sud del Kyushu.

Stagioni? Ci sono.

Il Giappone è meraviglioso tutto l'anno: ogni stagione regala emozioni uniche e diversi modi di vivere il viaggio. Scegli in base alle tue preferenze quella che fa al meglio per te.

PRIMAVERA
La stagione della fioritura dei Sakura, i fiori di ciliegio, ammirati in tutto il Giappone con l'evento chiamato **Hanami**. Ci si ritrova nei parchi per mangiare al sacco e festeggiare (e bere, mi racco) mentre i petali colorano l'atmosfera.

✅ **PRO** Il clima è mite e piacevole, il migliore dell'anno. Le giornate sono lunghe e con tanta luce per tutto il giorno. Promossa.

❌ **CONTRO** C'è folla e ci sono file di attesa per qualsiasi cosa, con il rischio di trovare tutto esaurito in molti luoghi... Ah, cosa importante: i prezzi dei voli e degli hotel sono alle stelle, soprattutto durante la settimana dell'Hanami (quando sbocciano i fiori di ciliegio). Se vuoi risparmiare, evita questo periodo!

Ps: verso inizio giugno inizia la stagione delle piogge (un periodo in cui piove tutti i giorni, mannaggia).

*Io te l'ho detto.
Poi fai tu.*

Ho esagerato con il Sakè

さくら

I fiori di ciliegio che si tingono di rosa **per una sola settimana l'anno** sono belli, poetici, effimeri... fanno pensare al senso della vit... Ok, ho finito.

ESTATE

La stagione dei **Matsuri**, le feste popolari che d'estate animano tutto il Giappone, tipo come da noi le sagre del fungo trifolato. Bancarelle, musica folkloristica, kimono estivi e street food delizioso. Gli adovo.

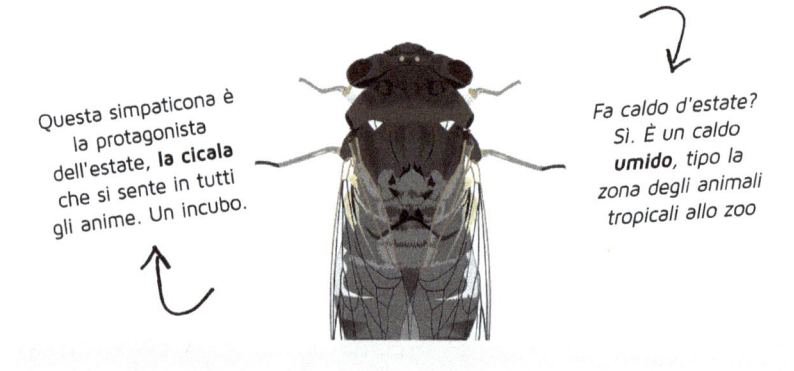

Questa simpaticona è la protagonista dell'estate, **la cicala** che si sente in tutti gli anime. Un incubo.

Fa caldo d'estate? Sì. È un caldo **umido**, tipo la zona degli animali tropicali allo zoo

✅ **PRO** Beh, i Matsuri (fighissimi)! Sicuramente andando d'estate ce ne sarà almeno uno a cui potrai partecipare. Inoltre avrai la possibilità di visitare luoghi di mare e farti il bagno nell'Oceano Pacifico. Prepara il costume.

❌ **CONTRO** Caldo + umidità + aria condizionata = tripletta infernale... A volte diventa proprio fastidioso stare all'aperto. Verso inizio settembre inizia pure <u>la seconda stagione delle piogge</u> che, rullo di tamburi, viene chiamata anche stagione dei tifoni!

Ps: i prezzi di voli e hotel sono ancora relativamente alti, mannaggia a loro.

Stranamente mi è venuta voglia di **Takoyaki, le polpette di polpo**. Ma quelli della bancarella scrausa, eh. Non del supermercato.

L'estate è la stagione dei MATSURI, tipo le nostre sagre della polpetta. **Qui troviamo la gente vestita con i kimono estivi** (che si chiamano Yukata, come il soprannome di mia zia).

Per me è la best

AUTUNNO

La stagione del secondo grande evento più amato da tutti i giapponesi: il **Momiji**, ovvero quando tutte le foglie degli aceri si colorano di rosso vivo cambiando radicalmente l'aspetto del paesaggio (una figatona). Non solo, l'autunno è anche la stagione di **Halloween**, a cui i giapponesi tengono molto! Sì, è una tamarrata ma ci sta sempre, che ti devo dire.

✅ **PRO** Clima mite, molto piacevole; poca folla in giro e prezzi più bassi rispetto a estate e primavera. Un colpaccio, no? Qui si risparmia.

❌ **CONTRO** Alta possibilità di beccare giornate di pioggia, ventose o nuvolose. E vabbè, oh.

La **festa di Halloween a Shibuya** è una delle più grandi del mondo. Un'esperienza imperdibile, anche se molte volte succedono casini per la troppa folla!

In primavera è tutto rosa, **in autunno è tutto rosso**... ma di cosa stiamo parlando?

Ponti rossi, foglie rosse, templi rossi... ce l'avete fissa, eh?

もみじ

INVERNO

La stagione del **Natale** e del **Capodanno**, che sono un vero piacere per gli occhi! Lucine colorate dappertutto, addobbi spettacolari e un Giappone più intimo, quasi fosse tutto per te.

✅ **PRO** Città addobbate e giornate limpidissime per fare splendide foto. Possibilità di vedere il Giappone innevato e praticare sport invernali. I prezzi sono i più convenienti dell'anno. Boom.

❌ **CONTRO** Molto freddo, anche improvviso, e giornate molto corte... arriva buio già prima delle 17. Boh, a me non dispiace però.

さっぽろ

IL CONSIGLIO!
*Uno degli eventi invernali più incredibili in Giappone è il **Sapporo Snow Festival**, dove si possono ammirare enormi sculture di ghiaccio!*

*Mi inchino dinnanzi a cotanta **bellezza**.*

ゆき

Allora, **le casette montanare** giapponesi sono un qualcosa di troppo carino, ammettiamolo.

Fuso orario e **clima**

Il Giappone **non fa** il cambio dell'ora da solare a legale come in Italia, quindi mantengono lo stesso orario tutto l'anno, beati loro... io ancora mi sveglio rintronato ogni volta.

Questo significa che da fine aprile ci sono **otto ore di differenza** con l'Italia: se da noi è mezzanotte in Giappone saranno le 08:00 del mattino. Mentre da fine ottobre ci sono **sette ore di differenza**, quindi se qui è mezzanotte, in Giappone saranno le 07:00 del mattino.

Pensa che il Giappone ha quasi la nostra stessa latitudine: diciamo che Tokyo è più o meno in linea con la Sicilia, e Sapporo (il capoluogo dell'Hokkaido, ti ricordi dov'è?) **è all'altezza di Firenze. Siamo gemelli diversi.**

Ciò significa che se fai il classico giro dell'isola di Honshu (dove si trovano le città principali tipo Tokyo, Kyoto, Osaka) **troverai lo stesso identico clima che c'è in Italia**! Se andrai in Hokkaido invece farà più fresco... tipo Bolzano.

E se scendi a sud tipo Okinawa ...portati dei vestiti leggeri!

In Giappone <u>non</u> si fa il cambio dell'ora

じかん

Un ripassino della mappa del Giappone fa sempre bene, no? Se ti avvicini bene puoi notare **il ristorante di Tonkatsu** dove vado sempre, lì verso Tokyo. Lo vedi?

Niente cambio dell'ora. Te l'ho già detto che **i giapponesi** sono furbi?

Numeri utili e **info**

POLIZIA 110. Per qualsiasi emergenza, tipo se hai subito un furto (cosa rara e assai improbabile, come vedere me al mare).

AMBULANZA 119. Per chiamare l'ambulanza o assistenza medica. Speriamo di no, belin.

PER CHIAMATE ALL'ESTERO. Ma che devi fare, le chiamate normali? Chiama con WhatsApp, no?

KOBAN

Questa è bella. I Koban sono i mini uffici di polizia che troverai in modo capillare su tutto il territorio. Dentro c'è sempre **un poliziotto pronto ad aiutarti** per ogni problema: se ti sei perso, se hai smarrito un oggetto, se ti servono indicazioni per trovare un luogo o se te la stai facendo addosso e cerchi un bagno. Una pacchia.

Dialogo tipico:
-Buongiorno signora
-Buongiorno, mi saprebbe dire se qui vicino c'è un posticino dove fanno gli onigiri buoni?
-certo signora, la accompagno.

WI-FI
Ti consiglio di acquistare una bella **SIM dati** o un **Pocket WI-FI** per avere connessione illimitata. Te ne parlerò nel dettaglio più avanti. No spoiler.

RICARICARE I TUOI DISPOSITIVI
Uè, qui c'è un colpo di scena: in Giappone hanno le prese di corrente diverse dalle nostre: le loro hanno questa stramba forma a muso di maialino che vedi sotto. **In pratica hai bisogno di un adattatore**, e ne trovi a poco prezzo in qualsiasi negozio giapponese di elettronica, o ancora meglio su Amazon (ce ne sono a bizzeffe).

Pure **la spina** diversa hanno!

プラグ

*Se in Giappone vedrò scritto 120円, saprò che sarà più o meno **1,20€**! Per fartela facile, eh! In realtà il cambio è molto favorevole, e saranno 0,80€...*

VALUTA

La valuta giapponese è lo yen, il cui simbolo internazionale è questo simpatico coso qui ¥ (ma attenzione perché in Giappone invece si usa questo robo qui 円).

Il cambio con l'euro è più o meno 1€ = 150¥, ma varia ogni giorno, quindi controlla sempre poco prima del tuo viaggio, per scrupolo.

Le banconotazze
1.000 yen sono tipo i nostri 10 euro
2.000 yen (molto rara) è come i nostri 20 euro, ma non vengono più stampate dal 2024
5.000 yen tipo i nostri 50 euro
10.000 yen più o meno i nostri 100 euro

Le monetine scrause
1 yen equivale al nostro 1 centesimo e non a 1 euro, quindi non vale una cippa.
5 yen equivale a praticamente 5 centesimi
10 yen equivale a 10 centesimi
50 yen equivale a più o meno 50 centesimi
100 yen che equivale al nostro 1 euro
500 yen equivale a praticamente i nostri 5 euro. Noi i 5 euro li abbiamo in banconota, mentre loro li hanno in moneta.

*Ti faccio vedere **fronte e retro**, come i documenti*

*Abbiamo in alto i **10.000 yen** (circa 100 euro),
in mezzo abbiamo i **5.000 yen** (circa 50 euro)
e sotto abbiamo gli umili **1.000 yen** (circa 10 euro)*

500 yen (i nostri 5 euro)

100 yen (tipo 1 euro)

Qui i 50 yen

Ecco i 10 yen

La moneta da **5 yen** (5 cent. di euro) la riconosci perché è <u>bucata</u>!

Ecco 1 yen! Attenzione che non vale 1 euro, ma vale 1 cent. di euro...

31

PAGAMENTI ELETTRONICI

Non avrai problemi a **pagare con la carta** nelle grandi città. La pandemia ha dato una spinta e anche in Giappone i pagamenti con POS sono **sempre più accettati** (era l'ora, cribbio).

IL CONSIGLIO PER RISPARMIARE!

*I ristoranti vecchio stile costano poco ma tieni sempre qualche banconota con te perché può capitarti il **localino** unto che non accetta la carta. Ti servirà il cash anche nelle **bancarelle** di street food, dove è difficile la accettino, mannaggia.*

Guarda che bella **immagine esplicativa** che ti ho trovato. Potevi chiedere di meglio?

Non cambiare gli yen nelle banche o le poste che hai sotto casa, che ti ammazzano di commissioni! Apri un conto online gratuito come **Revolut o Wise** e compra gli yen direttamente nell'app. Una volta in Giappone potrai pagare e prelevare ai bancomat (ATM) <u>senza nessuna commissione</u>! Io faccio così da anni.
Oppure puoi prelevare e pagare in Giappone con la carta della tua banca attuale, però controlla il tasso di cambio!

ACQUA DEL RUBINETTO
È **potabile e sicura** in tutto il Giappone: puoi berla in tranquillità. Va giù come il ramen.

BAGNI PUBBLICI E WC
In Giappone non avrai mai problemi a trovare i bagni pubblici. Sono praticamente ovunque, **(sempre gratuiti)** e la stragrande maggioranza delle volte perfettamente puliti e immacolati!

Il WC classico è ormai la norma, raramente troverai la vecchia washiki (che sarebbe una specie di turca scomodissima). Per carità.

I classici WC sono spesso potenziati e si evolvono in **Washlet**, dei gioielli tecnologici con molte funzioni: spruzzi di acqua per pulirsi, suoni per coprire rumori pericolosi, e possibilità di riscaldare la tavoletta.

Ho capito bene? Sono **WC** e **bidè** insieme...?

Per **tirare lo sciacquone** ci sono una miriade di modi diversi, e visto che io a volte mi sono impanicato non riuscendo proprio a capire cosa fare, ti metto una piccola lista per evitare figurine di m. (letteralmente).

Eccola, l'infida e subdola levetta.

ウォシュレット

Per gli ipocondriaci.

SENSORE DIFFICOLTÀ 3/10 Questo è facile. Ti basterà avvicinare la mano al riquadro per far partire lo sciacquone. È a forma di mano...

Per gli amanti del tradizionale.

LEVETTA DIFFICOLTÀ 9/10 Una delle cose più infide in Giappone: passa inosservata, è quasi invisibile ma è la chiave per tirare lo sciacquone. Devi spingerla un po' a caso, a volte è verso di te, a volte il contrario.

Per gli amanti dell'ignoto.

PULSANTI DIFFICOLTÀ 6/10 Lì direttamente nella pulsantiera del washlet ci sono vari simboli strani (acqua che scorre, note musicali, simbolo dello spruzzo...). Insomma, varie cose. Tu premine qualcuno e vedrai che qualcosa succederà.

Per gli amanti dell'eleganza

CATENA DIFFICOLTÀ 4/10 Come nei vecchissimi WC italiani, anche in Giappone puoi trovare la cara e vecchia catena old style. Tirala, e tutto avrà un senso.

Per i pigri (come me)

NULLA DIFFICOLTÀ 2/10 Semplicemente alzandoti, lo sciacquone partirà in automatico. Come in alcuni autogrill italiani, il segreto per far partire quel diabolico sciacquone è alzarsi.

*Nella prossima sezione ti spiego come io creo il mio **itinerario**. Ti faccio vedere un pezzettino di uno che ho fatto, così ti fai un'idea e puoi prendere ispirazione.*

12 MAGGIO giorno 5 - gita in giornata a Kamakura

Kamakura
- Da Tokyo Station prendere Yokosuka Line per Kamakura Station
- Passare da Misaki Donuts per prendere ciambelle spaziali
- Tempio Kotoku-in e Grande Buddha
- Pranzare da Tsuruya
- Arrivare alla spiaggia e fare il bagno nell'Oceano Pacifico

Enoshima
- Da Kamakura Station prendere Enoden Line per Enoshima Station
- Arrivare a piedi sull'isola di Enoshima
- Faro Sea Candle dove ammirare il panorama
- Cenare curry da Coco Ichiban

13 MAGGIO giorno 6 - Tokyo

Harajuku
- Tempio shintoista Meiji-Jingu
- Takeshita Dori
- Omotesando
- Pranzare da Maisen
- Dessert da A Happy Pancake

Shibuya
- Statua di Hachiko
- Attraversamento incrocio pedonale
- One Piece Shop al sesto piano del MAGNET
- Centro commerciale PARCO, al sesto piano: Pokemon Center, Nintendo Shop, Capcom Shop e Shonen Jump Shop
- Salire in cima a PARCO e rilassarsi
- Cenare da Sushi no Midori
- Tramonto e vista dallo Shibuya Sky

ORGANIZZARE IL VIAGGIO

Tutto ciò che ti serve sapere

旅行

"In ogni iniziativa pensa bene a dove vuoi arrivare"

Publilio Sirio

Ma per **utilizzare** questa **Guida** al meglio?

Ci siamo, l'intro è finita e l'avventura vera sta per iniziare, che emozione (mo' piango).

In questa Guida (dopo averci pensato molto a lungo, giuro) ho deciso di <u>non inserire</u> quasi mai indirizzi, link e numeri, perché potrebbero diventare obsoleti in pochissimo tempo.
Devi sapere che il Giappone è un paese che si rinnova sempre e costantemente.

Oggi esistono millemila modi per raggiungere un determinato luogo in base a dove ti trovi, quindi è controproducente mettere nomi di stazioni, nomi di treni, bus e quant'altro, perché non farebbero altro che confonderti da quanti ce ne sono. Ti basti pensare che la sola stazione di Shinjuku ha <u>centinaia</u> di uscite.

IL CONSIGLIO PER RISPARMIARE!
Esplora la città a piedi e risparmia sui mezzi! Puoi usare le mappe. Niente paura: nella prossima pagina ti svelerò ciò di cui avrai bisogno. Are you Ready?

Citazione sottile al corso di giapponese **JLPT Ready**.

*Ecco gli strumenti che uso io per **organizzare ogni mio viaggio** in Giappone. Vedrai che ce la può fare chiunque, pure mia nonna.*

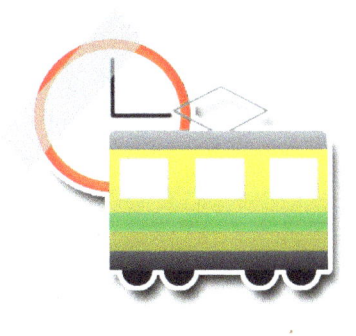

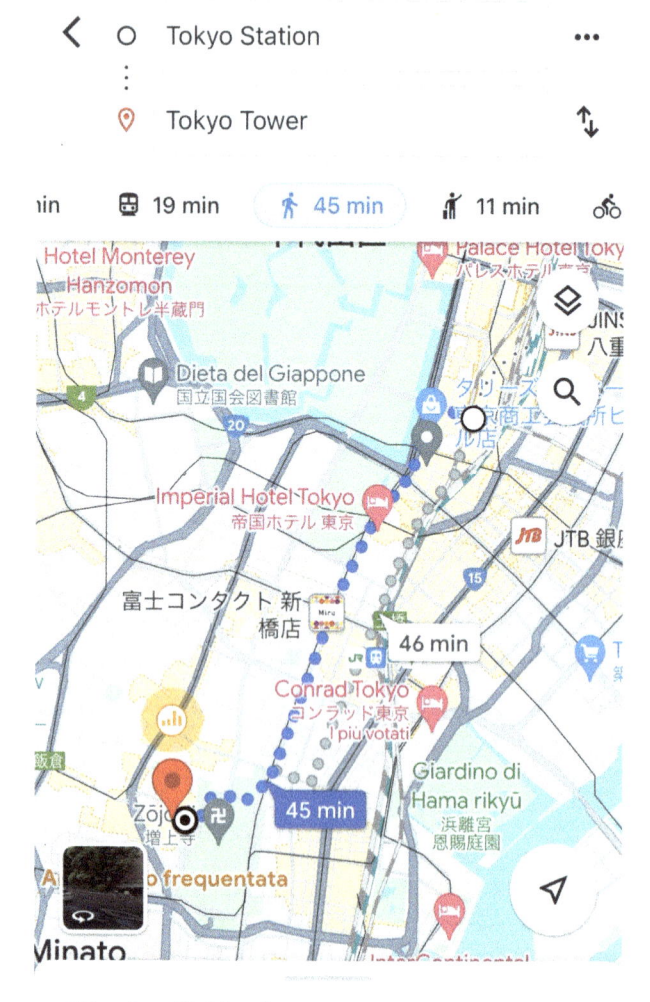

*Che utile **Google Maps**. Ti dico, non serve una laurea per organizzare il viaggio. Mò ti spiego.*

Smartphone, PC e un'app di **mappe**

Tutti i servizi di mappe come Google Maps e Apple Mappe sono i migliori amici del viaggiatore (quante volte mi hanno salvato il c... uore). Ti dicono proprio tutto: nome della stazione, l'uscita giusta, il numero del treno, il binario, il tempo che ci impiega, il prezzo del biglietto... una figata. Ti possono anche guidare con un percorso a piedi che si aggiorna in tempo reale mentre cammini.

Insomma, le app di mappe sono da preferire a siti e guide cartacee, che possono diventare confusionarie e obsolete in poco tempo.

IL CONSIGLIO PER RISPARMIARE!
*Usa Google e scopri quanto costa un locale! Se cerchi ti appaiono **recensioni, foto e prezzi**, per farti un'idea di cosa ti aspetta.*

RICAPITOLANDO
- mi piacciono i **pancake**
- cerco su **Google** "miglior pancake a Tokyo"
- trovo un posto che si chiama *"Happy pancake"*
- guardo le **recensioni** per vedere se mi ispira
- clicco su *"indicazioni"* e lo apro nella **mappa**
- segui il percorso che mi indica, arrivo e magno

Lontano da casa

Fare un viaggio in Giappone significa andare a **10.000 km** lontano dall'Italia, quindi prepararsi bene è d'obbligo. Ma non preoccuparti più di tanto, perché è facilissimo. Vediamo insieme come (se non ti va, smetti di leggere).

しゅっぱつ

*Attivi, freschi e pronti alla partenza. Da Milano solitamente **c'è un cambio** prima di arrivare in Jap.*

10 buone abitudini da sapere prima di andare in **Giappone**

1) Di solito <u>non</u> ci si soffia il naso in pubblico. È considerato maleducato da molte persone. Cerca di resistere, e se proprio devi farlo fatti notare il meno possibile (stile ninja).

2) Le mascherine vengono indossate dai giapponesi quando sono <u>raffreddati</u> o influenzati, come forma di cortesia per non infettare gli altri. Quindi non pensare più che le mascherine dei giapponesi siano per l'inquinamento, visto che persino nella capitale Tokyo l'aria è generalmente pulita. Nessuno mi crede finché non lo vede con i suoi occhi.

3) Fare rumore mentre si mangiano i noodles, <u>risucchiandoli</u> come non ci fosse un domani, è considerato normale. Sia perché così si raffreddano, sia perché significa che li stai apprezzando molto. Se non lo sopporti ti tocca portare i tappi per le orecchie, perché lo fanno proprio tutti.
Guarda, non me ne parlare, che io sono misofonico...

Queste mi torneranno utili

4) Non si fuma camminando per strada. Ci sono luoghi apposta per farlo, chiamati SMOKING AREA. Questo perché, soprattutto nelle grandi città, c'è il serio rischio di infastidire il prossimo e addirittura bruciarlo accidentalmente in mezzo alla calca. Saggio.

4.2) La stessa regola qui sopra si applica anche per il cibo: di solito non si mangia camminando per strada (è un po' da cafoni).

5) Non è di buon gusto giocherellare con le bacchette come un batterista, e infilzarle nel riso è macabro perché è un gesto che viene fatto nelle cerimonie funebri. Io te l'ho detto.

I camerieri sono sempre molto gentili, ma tu resisti e NON dare la mancia! Guarda che ti inseguono per ridartela...

6) Dare la mancia è considerato offensivo. Non darla mai, perché per un giapponese equivale a ricevere l'elemosina.

7) Prima di salire sulla metro, aspetta che siano scesi tutti dal vagone, mettendoti di lato. Così lasci libero il passaggio ed eviti di prendere capocciate indesiderate.

8) Mangiare il sushi con le mani è normale, al contrario di quanto alcuni credano. Eh sì, è esattamente come mangiare la pizza con le mani in Italia.

Una bella multina?

9) Se in un locale vedi portafogli o borse incustoditi sui tavoli, <u>non</u> significa che qualcuno li abbia dimenticati o persi. Significa che sta "prenotando" il posto a sedere mentre è a ordinare. In Giappone c'è talmente tanta fiducia sociale che è normale lasciare oggetti di valore per prenotare i posti. Io le prime volte facevo certe figure...

10) Ricordati di silenziare il tuo smartphone se sali su un mezzo di trasporto pubblico. I giapponesi lavorano tantissimo e uno dei pochi momenti che hanno per riposarsi è su autobus e treni: svegliarli e disturbarli è proprio la cosa più crudele che si possa fare.

*Yeeeah, sui treni **si dorme**! Tanto c'è silenzio e nessuno ti ruba niente*

***RIPETI CON ME**
In Giappone è assolutamente normale risucchiare i noodles facendo rumore.

Per noodles intendo
-Ramen
-Udon
-Soba

E altri tipi di pasta che magari ti spiego dopo, se mi viene voglia. Massì che te lo spiego, si scherza.

Per prima cosa preparati **un piano**

Passiamo alla pratica. Prima di avere in mano i biglietti aerei devi buttare giù un bell'itinerario di quello che vorrai fare in Giappone: città, luoghi, musei, ristoranti, robe varie. Puoi fare una semplice linea guida che indichi i tuoi spostamenti giorno per giorno, perché avere un itinerario troppo fitto potrebbe risultare pesante da seguire e renderti il viaggio faticoso. Meno è meglio.

Ma non esagerare con la sintesi! Un itinerario a malapena abbozzato può rivelarsi una scelta sbagliata che potrebbe farti perdere un sacco di luoghi di tuo interesse (che magari erano dietro l'angolo)! Ci vuole un saggio equilibrio. Ying e yang.

Ah

IL CONSIGLIO PER RISPARMIARE!
Fai una lista delle cose di tuo interesse come negozi, templi e parchi, dando priorità alle attrazioni che hanno l'ingresso gratuito.

*Cercherò su Google: **parchi imperdibili a Kyoto**, e li inserirò nella giornata di Kyoto*

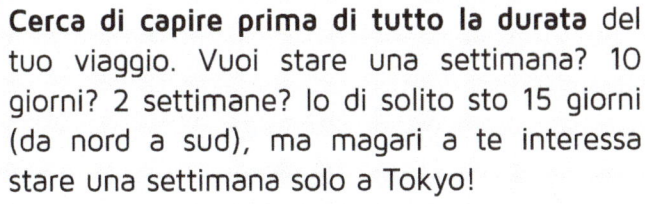

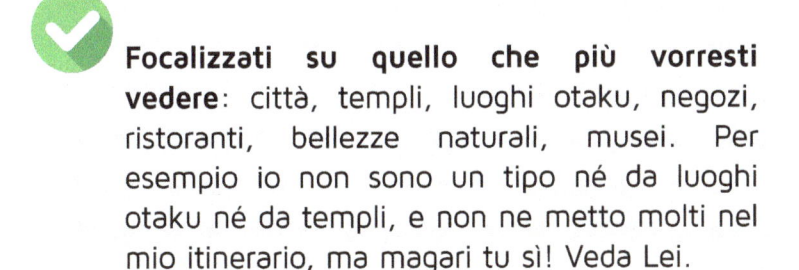

> C'è troppa **roba bella** da vedere in Giappone! Devi fare delle scelte...

✅ **Cerca di capire prima di tutto la durata** del tuo viaggio. Vuoi stare una settimana? 10 giorni? 2 settimane? Io di solito sto 15 giorni (da nord a sud), ma magari a te interessa stare una settimana solo a Tokyo!

✅ **Focalizzati su quello che più vorresti vedere**: città, templi, luoghi otaku, negozi, ristoranti, bellezze naturali, musei. Per esempio io non sono un tipo né da luoghi otaku né da templi, e non ne metto molti nel mio itinerario, ma magari tu sì! Veda Lei.

✅ **Metti tutto in ordine e comincia a mettere nero su bianco giornata per giornata**, come un menù. Per esempio se stai solo a Tokyo dovrai suddividere le giornate per quartieri.

Il diretto ANA parte da **Roma Fiumicino**. Prima della pandemia partiva anche da Milano e Venezia (sigh).

Salve, sono l'hostess di **ANA**, la compagnia giapponese. Tu chi sei e che fai a casa mia?

IL CONSIGLIO PER RISPARMIARE!

*La compagnia aerea All Nippon Airways (per gli amici **ANA**) è tra le migliori al mondo. Io l'ho provata e confermo: è stato un volo fantastico. Ma c'è anche da dire che è molto cara... Quindi sceglila solo se il volo è in offerta (tipo a meno di 800€)! Sennò cerca alternative più economiche.*

Avevano finito il menù che volevamo, e per scusarsi **ci hanno regalato** penne, carte dei Pokémon, modellini gonfiabili dell'aereo e altre cosine!

Il **volo**

Non la band, ma proprio il volo aereo.

Una volta che avrai il tuo succoso itinerario, sarà giunta l'ora di **trovare e acquistare il biglietto aereo**. Segui queste 3 regole d'oro:

✅ PREZZO
Non dovrebbe superare gli 800€ tra andata e ritorno. Se ti impegni lo trovi a molto meno.

✅ DURATA
Il tuo viaggio non dovrebbe mai durare più di 18 ore all'andata e 18 al ritorno, altrimenti poi ti esaurisci.

✅ SCALO
Un volo diretto da Roma è perfetto perché la sua durata è di sole 12 ore tonde tonde.
Se invece scegli un volo con scalo, cerca di non fare 2 scali a tratta, anche se il prezzo ti tenta... Ti assicuro che più scali ci sono più il viaggio diventa stressante e pesante, e non ne vale la pena.

> Ci sono un sacco di motori di ricerca che trovano tutti i voli, come **Skyscanner** o Google Voli. Dal calendario del mese, guarda le date verdi: sono quelle che costano meno!

L'alloggio

Troppe scelte

Preso il biglietto aereo? Bene. Pensiamo all'alloggio. In Giappone ci sono una miriade di sistemazioni: hotel lussuosi, patacconi, tradizionali, ostelli, appartamenti, capsule hotel, internet cafè... Puoi dormire pure al karaoke se vuoi. Non sto scherzando.

Scegli in base alle le tue esigenze dove vorrai alloggiare, e poi cerca "Tokyo" oppure "Kyoto" su Booking, Agoda, Expedia, Trivago o Airbnb.

> **La cosa importante è sempre spuntare l'opzione "cancellazione gratuita".** In questo modo potrai continuare la ricerca anche dopo aver già fatto una prenotazione. Insomma se qualche giorno o qualche settimana dopo trovi una sistemazione migliore, la prenoti e annulli quella di prima. Io lo faccio di continuo.

ATTENZIONE
Le stanze degli hotel sono **microscopiche**. Hanno tutto l'occorrente e sono sempre pulitissime, ma sulla dimensione non ci si può fare nulla. Ci si deve stringere e stare vicini vicini *(non andarci con persone che odi)*.

Ah, ovviamente non c'è il bidet.
Ma ehi.. c'è **il washlet**, ricordi?

Il nostro amico Takashi ci ha piazzati nella stanza dedicata a commemorare **i parenti defunti**... ma questi sono dettagli.

たかし

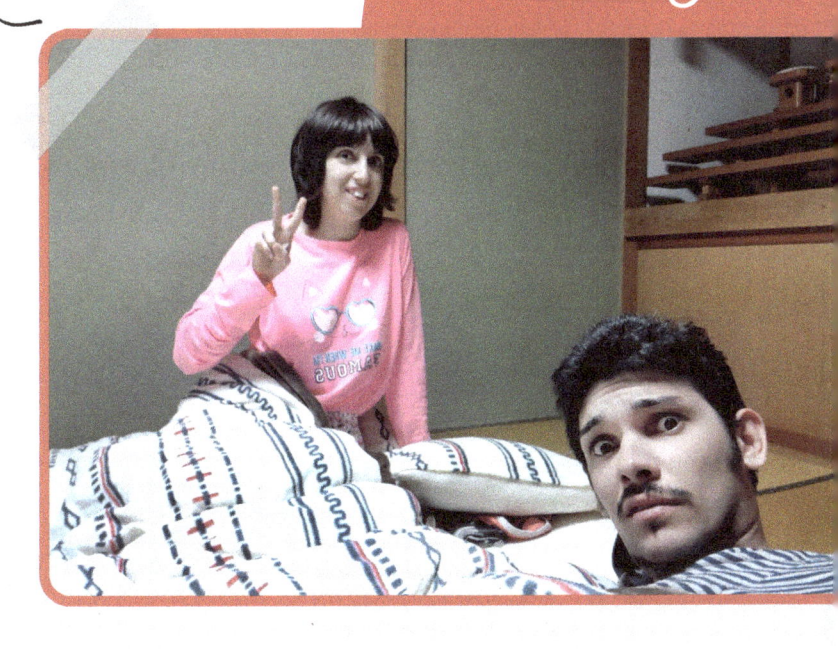

IL CONSIGLIO PER RISPARMIARE!

Se hai amici giapponesi puoi farti ospitare da loro, magari. Noi l'abbiamo fatto una volta, ed è stata un'esperienza... uhm, indimenticabile. Come sentirsi un vero giapponese, con pregi e difetti. Se non conosci giapponesi, beh... è un casino.

Ma magari cercando su Google Japan Gest House o qualcosa così, trovi quelle famiglie che ospitano i turisti (ehi, sto cercando di consolarti).

3 belle catene di hotel giapponesi **economici**

I punti forti di **queste 3 catene** sono il prezzo contenuto e la vicinanza alle stazioni. Niente paura! In Giappone le stazioni non sono come negli altri paesi: qui sono centrali, sicure e piene di negozi!

APA HOTEL
Ce ne sono a badilate di 'sti Apa Hotel. Ne trovi uno vicinissimo a **ogni stazione** principale di Tokyo (gli hotel davanti alle stazioni sono i più comodi. Li riconosci perché hanno la scritta EKIMAE). L'Apa è moderno e quasi sempre con un Onsen incluso! Segna, che poi lo cerchi su Booking.

*Ps: se siete un gruppo numeroso conviene un **appartamento** su Airbnb! Così vi smezzate la spesa!*

*Però non fermarti ai miei consigli! Cerca "Tokyo" su Booking e metti **"ordina per prezzo"***

MYSTAYS

Ancora più economico dell'APA! La fregatura? Non c'è **la pulizia** giornaliera in camera, quindi devi sgobbare tu oppure fare la persona seria e tenere ben pulito. Io mi sono trovato molto bene lo stesso (comunque se chiedi e paghi un extra le pulizie te le fanno, nè).

HOTEL MYSTAYS

SUPER HOTEL

Non lo dico io che è super, si chiama così. Anche qui i prezzi sono convenienti, e per di più avrai la possibilità di fare una **full immersion** giapponese dato che è una catena poco conosciuta dai turisti stranieri! Certo, per colpa di questa guida non lo sarà più. Vabbè.

ホテル

Assicurazione sanitaria

Una volta che hai pensato al volo e alla sistemazione, il terzo step è stipulare un'assicurazione sanitaria che copra tutti i giorni della tua permanenza (per essere tutelato in caso spese mediche impreviste).

Di solito hanno costi ragionevoli (meno di 100 euro per 2 settimane). Se po' fa'. Cerca su Google "assicurazione viaggio" e vedrai che te ne escono un po'. Scegli quella che ti ispira.

> In Giappone (come in America) le cure ospedaliere si pagano a suon di banconotone. **E se ti fai male tu, chi paga?** Babbo Natale? Mannò, paga la nostra amica Assicurazione. Verifica sempre che sia a "pagamento diretto" per quanto riguarda le spese mediche e d'emergenza. Promettimelo.

Mangi, dormi, ti rilassi, guardi un film, ascolti la musica... meglio di così.

Durante **il volo**

Hai biglietto, alloggio, assicurazione. Prossimo step? Prepararsi al volo. Dall'Italia diretto sono 12 ore, e parte da Roma. Oppure puoi optare per lo scalo, tipo Francoforte o Londra.

IL CONSIGLIO PER RISPARMIARE!
*Non pagare di più per scegliere il posto! 24 o 48 ore prima del volo lo potrai fare **gratis**! Il posto finestrino è bello per il panorama, ma è molto meglio un posto corridoio. Fidati, la tua vescica ti ringrazierà...*

I giapponesi dormono dovunque. Se sei dal finestrino e hai un giapponese a fianco, molto probabilmente dormirà come un orso in letargo dall'inizio alla fine. **Per andare in bagno dovrai o svegliarlo o scavalcarlo agilmente**... ne hai voglia? Io ci ho rinunciato. Nella foto ero ancora fesso (giovane e incosciente).

ひこうき

*I **jeans** per 12 ore in aereo diventano uno strumento di tortura*

In volo indossa abiti comodi, visto che dovrai fare contorsionismo nel tuo sedile per trovare una posizione confortevole e non riuscirai mai a distendere perfettamente le gambe. Vai di tuta, vai di pigiama. Chettefrega.

E bevi spesso per idratarti: l'aria in aereo è ultra secca. L'acqua mi raccomando comprala dopo i controlli di sicurezza, e portati anche un burro cacao. Per il resto in aereo ti forniranno un kit personale con coperta, cuscino e cuffiette (oltre che 2 pasti principali, snack e bibite a volontà). Siamo pashà.

IL CONSIGLIO PER RISPARMIARE!
*In fondo all'aereo c'è un **'bar'** gratuito. Approfittane e magna e bevi. Non siamo qui a pettinare le foche.* Shh, io non ti ho detto niente.

のみもの

Documenti per l'immigrazione

Quando il tuo volo starà per atterrare in Giappone, si riaccenderanno le luci (gran parte del volo saranno spente per aiutare i passeggeri a riposare...) e una hostess ti darà un paio di foglietti tutti in inglese.

E tu dirai: che roba è? Sono due simpaticissimi moduli da compilare, quindi porta con te una penna se riesci. Se non ce l'hai non ti fanno atterrare. Scherzo, te la danno loro.

> **Sono i documenti per l'immigrazione** *(ta ta ta taan)*. Te li fanno compilare in aereo per velocizzare il tutto, o se hai voglia puoi già farlo sul sito <u>Visit Japan Web</u> prima di partire!

Ti verranno chiesti i dati personali come nome, cognome, nazionalità, età, solita roba. Dovrai scrivere anche i dati del tuo viaggio, come gli hotel dove alloggerai, la data in cui lascerai il Giappone e altre cosine. Nulla di che, rapido e indolore. Ah, è scritto in inglese e in giapponese.

*In italiano no? No. Motivo in più per studiare **il giapponese**. O l'inglese.*

IL CONSIGLIO PER RISPARMIARE!

Risparmiati l'ansia, è tutto a posto! Alla fine del modulo trovi **domande scottanti** *tipo se porti con te droga, armi, o altre cose vietate come i salumi (pericolosissimi. Hai mai fatto una rapina con un salume?) Rispondi <u>NO</u> a tutte le domande, a meno che tu non sia uno spacciatore armato.*

Una volta in Giappone non dovrai far altro che consegnare i due moduli **agli ispettori di frontiera e dogana**, e via, poi c'è la libertà.

ひるごはん

Pasto in quota.
Bene ma non benissimo.
Il mio voto potrebbe confermare
o ribaltare la situazione.

Il jet-**lag**

Bon, siamo arrivati in Giappone. Tutto bene? Nausea? Giramenti di testa? Eggià, è ora di parlare di quest'orribile patologia che viene diagnosticata al 90% dei poveri viaggiatori che superano le 5 ore di fuso orario: il Jet-lag *(che si pronuncia proprio jet-lag, non jet-leg, mi raccomando)*. Molto probabilmente dopo poco tempo dal tuo atterraggio avrai stordimento e il tuo corpo ti griderà di voler sprofondare in un letto per i prossimi 6 mesi. Severo ma giusto.

Questo succede perché hai cambiato ben 8 ore di fuso orario (o 7, dipende dalla nostra ora legale) e il tuo metabolismo è andato in tilt, avendo stravolto il suo orologio biologico.

Non disperare, ci sono vari metodi per superare questa fase temporanea in modo più o meno facile e veloce senza rischiare di rovinarti il viaggio. Parlo per esperienza. Ho ancora gli incubi.

*Ero corso in farmacia e mi avevano dato una specie di medicina... Babba bia, una roba **così amara** non l'avevo mai assaggiata.*

Salve. Mo' mi ripijo.

Supera il **JET-LAG** in 4 semplici passi

1) In aereo cerca di dormire! Se atterri in Giappone di sera, dormi all'inizio del volo. Al contrario se atterri la mattina, dovrai dormire nelle ore prima dell'atterraggio. Mi fido, eh.

2) Quando arrivi, resisti alla tentazione di riposarti o dormire. Vai a letto non prima delle dieci si sera; per riuscirci puoi usare le bevande energetiche nei konbini (roba che terrebbe sveglio anche un orso in letargo).

*Hai presente quando muori di sonno che non riesci a tenere gli occhi aperti? Ecco, beviti un sorso di questa roba: **avrai tipo un mini infarto, rinascerai dalle tue ceneri e terrai gli occhi sbarrati per tutto il giorno.** Le trovi nei konbini. Ti spiego dopo cosa sono. Spoiler: sono negozietti aperti 24h su 24.*

*Sarà dura con tutte **le bontà** che ci sono, ma l'attesa del piacere è essa stessa il piacere, no?*

3) Non mangiare nulla per almeno quattro ore prima di coricarti, così da abituare la tua digestione agli orari nipponici. Ah, bevi tanto.

4) Resta nel letto anche quando ti sveglierai alle tre del mattino con gli occhi sbarrati e senza una singola goccia di sonno. Se per caso ti alzi, cerca di non aprire finestre e tende.

IL CONSIGLIO PER RISPARMIARE!
*Risparmia salute! Segui queste regole e **in un paio di giorni** dovresti tornare in sesto senza traumi. Parola di jet-lagger recidivo.*

***Buongiorno dal Capitano.** Siamo arrivati all'aeroporto di Tokyo Narita. Se siete rintronati dal jet-lag, vi capisco. Arrivederci.*

まど

Le **2 teorie** del caos

Nessuna prova scientifica evidenzia la validità di queste teorie, ma già che ci sono te le sparo ugualmente, perché mi va di teorizzare.

✅ **TEORIA 1: I MATTINIERI**
Atterrare di mattina in Giappone previene il jet-lag perché ti fa passare tutta la prima giornata attivamente, così da svegliarti la mattina successiva scattante come un'antilope.

✅ **TEORIA 2: I NOTTURNI**
Anche atterrare di sera previene il jet-lag, perché vai subito in hotel a dormire e il giorno dopo partirai a manetta. Però dormi, eh.

IL CONSIGLIO!
*Io le ho provate tutte e due: posso dirti che **la seconda è più efficace**, ma non è detto che lo sia anche per te. Devi valutare bene pro e contro e poi decidere, come tutto nella vita. Con i piccoli trucchetti delle scorse pagine te la caverai alla grande.* Credo. Spero.

Serve il fisico. O la bibitina energizzante del konbini. Vedi tu.

TEAM MATTINIERI?

TEAM NOTTURNI?

Perdi una giornata di viaggio, ma la investi in salute fisica e mentale.

BAGAGLI MAI PIÙ UN PESO

Come stare leggeri senza fare rinunce

"Per viaggiare felice, viaggia leggero"

Antoine de Saint-Exupéry

*Tutti **i nostri bagagli** per due settimane in Giappone: una valigia e uno zaino a testa.
PS: le valigie sono semi-vuote, da riempire di souvenir.*

にもつ

Ma serio? Quindi non c'è bisogno di portarsi **la Moka e la pasta** come fanno i boomer?

Preparare la **valigia**

Facciamo un passo indietro, a prima della tua partenza. Parliamo di bagagli? Ma sì, perché no. Uno dei momenti più belli è quando il volo aereo per il Giappone è imminente ed è tempo di preparare la valigia. Lo so, mi diverto con poco.

Per molti questo può essere un vero e proprio incubo, ma con le mie dritte vedrai che sarà un divertimento. Giuro. L'importante è che ti ficchi in testa una regola: serve l'essenziale. Ripeto: l'es-sen-zia-le.

È vero che stai andando dall'altra parte del mondo (a meno che tu non abiti in Asia) ma proprio per questo motivo è tassativo viaggiare leggeri! Uè, non sto scherzando. Davvero.

La prima regola d'oro è: cerca di mettere in valigia il <u>MENO</u> possibile! Anche perché lo spazio "vuoto" ti servirà al ritorno per tutti i souvenir (e ti assicuro ne comprerai).

IL CONSIGLIO PER RISPARMIARE!
Risparmia spazio! Io nella valigia metto la biancheria per 3 o 4 giorni, due o tre maglie e un paio di pantaloni. E stop.

Questo sì che lo devi mettere in valigia: **un adattatore**. Come abbiamo detto qualche pagina fa, in Giappone hanno prese di corrente diverse dalle nostre. Cerca su Amazon "adattatore universale", così lo userai non solo in Giappone ma anche in altri paesi del mondo (investimento per il tuo futuro, baby).

Perché metto pochi vestiti in valigia? Perché con soli 300 yen (tipo 3 euro) posso lavare e asciugare tutta la mia roba **nelle lavanderie a gettoni** che si trovano un po' ovunque (anche negli hotel). Spendo poco e risparmio in peso.

❌ Le cose NO
Ovvero gli oggetti <u>inutili</u> da mettere in valigia perché li troverai in ogni alloggio in cui andrai:

- PHON
- SHAMPOO E BAGNOSCHIUMA
- VESTAGLIA DA NOTTE
- PANTOFOLE

Non potevate dirmelo prima?

6 cose indispensabili
da mettere in valigia

Questi pochi accessori sono **fondamentali**. Mettili sempre in valigia, altrimenti mi offendo.

1) Adattatore di corrente universale, che converta automaticamente anche il voltaggio
2) Cavetti di ricarica, per tutti i tuoi dispositivi (telefono, orologio o che ne so di cosa c'hai)
3) Medicine generali che non si sa mai: antidolorifici, paracetamolo, antiacido, antitutto
4) Spazzolino da denti, per non essere una persona zozza
5) Deodorante, per non essere una persona ancora più zozza
6) Uno zainetto leggero, da portare in giro durante il giorno

*Non dimenticare il PASSAPORTO! Deve avere una validità residua di almeno **6 mesi** successivi alla data di uscita prevista dal Giappone!*

ATTENZIONE
Tutti i contenitori con liquidi al di sopra dei **100 ml** vanno messi nel **bagaglio da stiva** (nella parte bassa dell'aereo). Non li portare con te in cabina, che ti fanno buttare tutto, ahimè.

*Se poi in Giappone compri succhi, creme, salse o sakè, ricordati di metterli **nella valigia da stiva**!*

Girare **comodamente**

Ok, la valigia è fatta (vedrai che una a testa sarà più che sufficiente) ma mica te la puoi portare in giro per la città, no? Quella la piazzi in hotel e non la muovi più da lì.

E per andare in giro? È fondamentale portarsi uno zaino con le cose essenziali (documenti e un po' di trippa al sugo) e girare senza avere le braccia ostacolate. <u>Non</u> ti consiglio le borse, perché dopo un po' diventano scomode e fanno male alla spalla.

***IL CONSIGLIO PER RISPARMIARE!**
Non comprare bottigliette d'acqua! Porta in giro la tua borraccia e riempila nei rubinetti (è buonissima), anche perché tenersi idratati è molto importante.*

*Sai che se non bevi abbastanza durante le tue giornate in Giappone **poi ti viene la stitichezza**? E noi non la vogliamo. Giusto...?*

Anche l'ambiente te ne sarà grato!

Non avere paura. Mo' ti spiego.

IL MARSUPIO?

Allora, parliamone. Lo so che è fuori moda e molta gente lo vede come un oggetto un po' sfigato, ma in viaggio chissenefrega. Chi ti conosce? Io l'ho usato ogni tanto e devo dire che il marsupio è veramente comodo, soprattutto per soldi e documenti.

Immagina di essere in giro per Tokyo e tirare fuori i soldi o i biglietti della metro, o il tuo biglietto da visita personalizzato, che hai preparato prima di partire così da fare la persona seria quando ti presenti con i giapponesi (io non lo farò mai, ciao).

Beh, sai quanto è comodo avere tutto lì, a portata di mano nel marsupio, senza stare ogni volta a cercare nello zaino e perdere minuti preziosi? Io un pensierino ce lo farei, ma vedi tu. Comunque anche solo uno zaino può andare più che bene.

Salve, sono un marsupio e tu mi hai sempre giudicato male.

*Bon, per **il marsupio** ci penso e ti faccio sapere appena Plutone torna ad essere un pianeta...*

I COIN LOCKER

Ok, sei in giro per Tokyo con il tuo bello zaino (la valigia l'hai già messa in hotel e hai scoperto che occupa mezza stanza), ma vabbè. Vuoi riposare un po' le spalle e ti vuoi liberare dei 2 sacchetti di shopping che ti stai portando in giro. Come fai? Usi i Coin Locker. Cosa sono? Mo' ti dico tutto.

Anzitutto sia benedetto chi li ha inventati: i coin locker sono i classici armadietti dove lasciare le tue cose al sicuro, solo che come sempre in Giappone sono super pompati (fanno tutto in grande, i mattacchioni).

Non sai dove metterli? Usa i **Coin Locker** per pochi yen!

I coin locker li trovi ovunque: stazioni, aeroporti, centri commerciali, strade, hotel. Esistono pure i Coin Locker a frigo, per tenere al fresco gli acquisti gastronomici. Insomma quando ne avrai bisogno ce ne sarà sempre uno a tua disposizione.
Pensa che ce ne sono anche di dimensioni così grandi da contenere una valigia! Lo spazio non manca, giuro.

ISTRUZIONI PER L'USO

1) vai dallo schermo centrale
2) seleziona la grandezza dei Coin Locker che vuoi (piccolo, medio o grande)
3) si aprirà uno scompartimento
4) metti i bagagli dentro e richiudi
5) torna allo schermo e paga con contanti o Carta IC (ti spiego cos'è nel prossimo capitolo).

Al posto delle chiavi, ti verrà dato un codice.

Per riprendere le tue cose, non dovrai fare altro che digitare il tuo codice (o passare la Carta IC) e si aprirà il tuo armadietto!

コインロッカー

Sono economici e tecnologici! Invece che delle chiavi **ti verrà dato un codice**, così non dovrai far altro che digitarlo per riaprirlo. Non lo perdere, che sennò siamo rovinati.

SPEDIZIONE BAGAGLI

Devi cambiare città e non hai voglia di portarti tutte le valigie pesanti? Nessun problema: esiste un servizio di corrieri espressi che ti vengono a prendere i bagagli dove vuoi e te li portano a destinazione in 24 ore, puntuali e precisi.

È molto utile se devi prendere uno shinkansen da Tokyo a Kyoto e hai bagagli di grandi dimensioni! Invece che portarteli dietro tra scale mobili, vagoni affollati e marciapiedi, te li verranno a prendere e te li porteranno dove alloggerai.

IL CONSIGLIO PER RISPARMIARE!

Risparmia tempo! Chiedi alla reception del tuo hotel: spesso possono organizzare loro la spedizione, così tu non devi neanche contattare il corriere. Pacchia.

Non costa molto!
Il prezzo di questa spedizione è spesso economico come il natto a colazione: si parla di cifre come 2.000 yen (una ventina di euro, suvvia).

Tu per prima cosa **vai alla reception** e digli l'indirizzo del tuo prossimo hotel: pensano loro a comunicarlo alla ditta di trasporti. Se ti dicono di no, mandali a quel paese e **vai al konbini** più vicino, che te lo fanno loro.

Una delle ditte più famose di spedizione bagagli è sicuramente la **Yamato Transport**. Efficiente e affidabile, la più utilizzata da turisti.

Dal logo sembra una ditta che prende i gatti randagi, e invece...

COME SPOSTARSI IN GIAPPONE

Salire su autobus, treni e Shinkansen

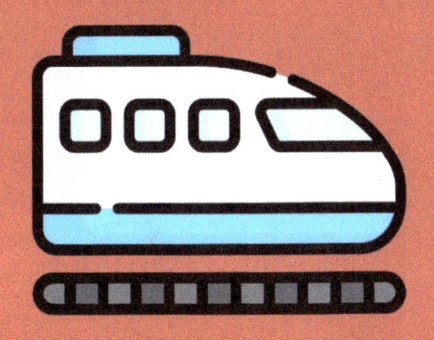

"Una delle esperienze più incantevoli del mondo: vagare per il Giappone di tempio in valle, di villa in bosco, di fiume in monte, di lago in costa marina, con alcuni cari amici, senza un piano prestabilito."

Fosco Maraini

JAL

*Diminutivo di Japan Airlines, è l'altra compagnia giapponese oltre ad ANA. Poi pensa che c'è un'altra piccola compagnia per i voli interni che si chiama **Peach Airlines** (che tenerina).*

SKYTRAX

*Chi è **Skytrax** e cosa vuole da noi? È un'agenzia di aviazione e ogni anno mette in top 10 le due compagnie di linea giapponesi: **ANA** e **JAL**! Però attenzione che costano più della media...*

Mezzi di **trasporto**

In Giappone dovrai spostarti con i mezzi, no? Beh, è un paese famoso per precisione, puntualità, pulizia ed efficienza dei suoi mezzi di trasporto. Tutto vero, giurin giurello.

Puoi prendere anche il più piccolo trenino scrauso del paesello più sperduto, ma il servizio sarà sempre ineccepibile. Pensa che una volta ero tra le campagne, ma il trenino aveva la hostess che si inchinava…

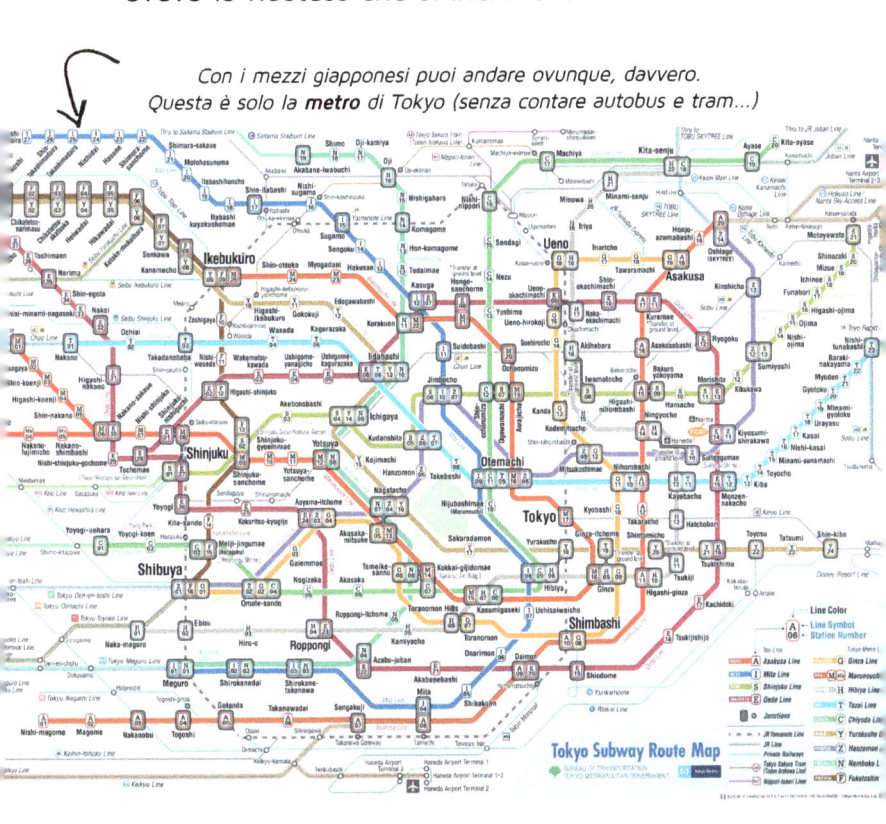

*Con i mezzi giapponesi puoi andare ovunque, davvero.
Questa è solo la **metro** di Tokyo (senza contare autobus e tram…)*

> Ovviamente non passano in tutte le stazioni, ma solo in quelle più **grandi**

TRENI PROIETTILE

Ok, in Giappone ci andrai in aereo (spero), ma per muoverti tra una città e l'altra userai quasi sicuramente lo Shinkansen. Che roba è? Calma, calma, che ti dico tutto: gli Shinkansen sono i famosi treni proiettile che registrano in media circa 25 secondi di ritardo totali... l'anno. Hai capito bene. In parole povere sono super puntuali.

E ti dico anche questa chicca: in più di settant'anni di onorata attività e con oltre un miliardo di passeggeri, gli Shinkansen non hanno <u>mai</u> registrato incidenti mortali!

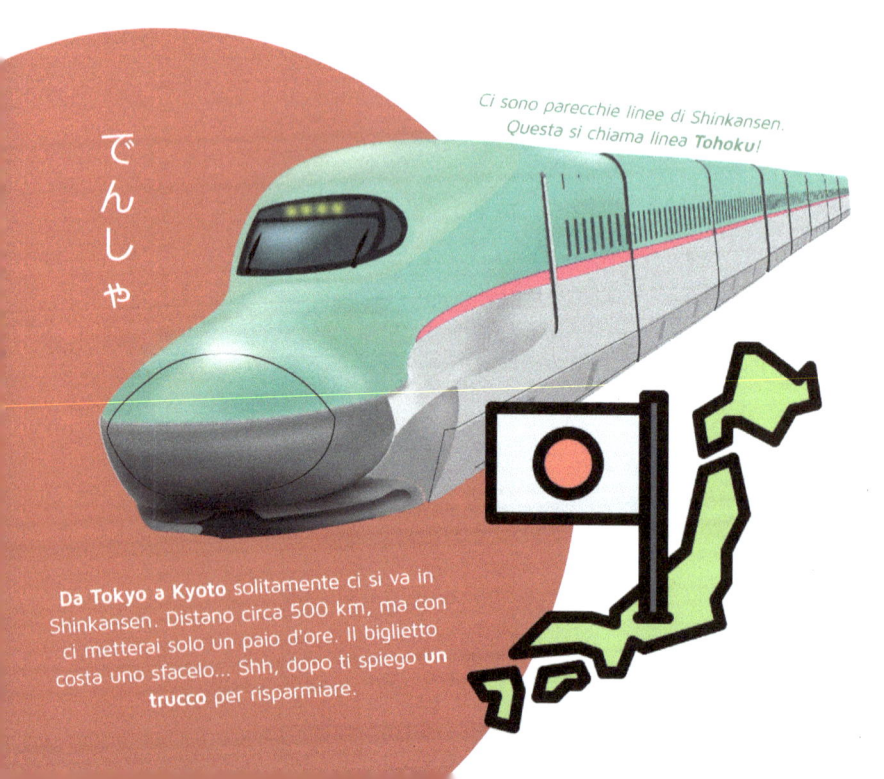

*Ci sono parecchie linee di Shinkansen. Questa si chiama linea **Tohoku**!*

でんしゃ

Da Tokyo a Kyoto solitamente ci si va in Shinkansen. Distano circa 500 km, ma con ci metterai solo un paio d'ore. Il biglietto costa uno sfacelo... Shh, dopo ti spiego **un trucco** per risparmiare.

> Soprattutto a Tokyo, **negli orari di punta di mattina e sera**, la metro si riempie di pendolari! Si sta schiacciati, ti avverto.

LA METRO

Bene, da Tokyo a Kyoto ti sposterai in Shinkansen in poche ore, ma dentro le città come si fa? Si usa la metro. Pensa che solo quella di Tokyo conta decine di linee e ben 179 stazioni. Una robetta che trasporta oltre 6 milioni di passeggeri al giorno. Chevvuoichesia.

Uè uè, non tutte le città hanno la metro, eh! Solo quelle principali: Tokyo, Yokohama, Kyoto, Sendai, Sapporo, Nagoya e alcune altre. Ma non è mica un problema, perché dove non c'è la metro ci sarà sicuramente una rete capillare di autobus oppure tram.

IL CONSIGLIO PER RISPARMIARE!
***Quando puoi vai a piedi! Potrai scoprire scorci nascosti!** Anche perché la metro costa... Preparati a pagare un po' di più rispetto all'Italia. Noi siamo abituati a un prezzo fisso, tipo 1 o 2 euro, ma in Giappone è un po' diverso: funziona a tratta, cioè più è lungo il tuo viaggio in metro e più paghi. In pratica dovrai già sapere la tua stazione di arrivo e quindi comprare ogni volta alle macchinette un biglietto del prezzo giusto. Ma non preoccuparti, che tra un po' ti spiego un trucco.*

⚠️ TAXI

CARO Sei in un posto in cui non passano Shinkansen, metro, autobus o tram? Capisco, vuoi isolarti dal mondo. Ma c'è una soluzione anche in questo caso: taxi! Molto comodi, ma molto costosi (io che sono tirchio non ci sono mai salito).

Se vuoi provare l'ebbrezza, ricordati che <u>non</u> devi aprire tu le portiere! Si apriranno da sole automaticamente sia per entrare che per uscire. Mi raccomando che sennò gli rompi tutto l'ambaradan.

*I taxi di solito sono **verdi o neri**, vecchio stile, e il conducente ha i **guanti bianchi***

BICICLETTA

Ricorda che in città le bici vanno sul marciapiede!

Puoi affittare una bici (spesso lo fanno gli hotel). Un modo economico per girare il Giappone rurale, o per un giro lungo il fiume. Se il tuo hotel non ce l'ha le puoi trovare nei Rent Bike o con un'app tipo Hello Cycling.

Abbonamenti e altro

Ora giustamente ti chiederai come fare per salire su tutti questi mezzi (sembra un casino) e ti immagini già ogni volta alle biglietterie, impazzendo per acquistare decine di biglietti diversi, rischiando di sbagliare. Niente di più lontano dalla realtà.

Sai qual è il modo più comodo per salire sui mezzi? Le IC Card, ovvero Intelligent Card: lo strumento più efficace e semplice con cui salire sui mezzi pubblici in Giappone.

COSA SONO LE IC CARD
Sono tessere ricaricabili che si acquistano nelle stazioni, e che potrai ricaricare quando vuoi in una delle macchinette. Concorrenza portami via: ci sono decine di IC Card diverse ma che hanno tutte la stessa identica funzione. A te la scelta di quale prendere, cambia solo il nome e la mascotte. Le più popolari sono: la SUICA, la PASMO e la ICOCA.

PER GLI SMANETTONI
Puoi anche scaricare l'app e usare la tua IC Card virtuale se il tuo telefono ha la tecnologia NFC.

Tira fuori la IC Card prima di arrivare ai tornelli! Non puoi bloccare la fila!

スイカ

*Io sono affezionato alla **Suica** e ti parlo di quella (non ce la faccio, troppi ricordi), ma come abbiamo detto prima tu puoi sceglierne tranquillamente un'altra, che tanto sono tutte uguali. La mascotte della Suica è **un pinguino** inquietante.*

*Se hai la tua Suica, non dovrai comprare biglietti per autobus e metro. Ti basterà passare la Suica e **fare beep** ai tornelli quando sali su un mezzo e poi ripassarla quando scendi. Ti si scalerà in automatico la tariffa spesa.*

86

*Quando arrivi all'aeroporto, puoi fare la tua **IC Card** nel Travel Service Center oppure alle macchinette*

Con la tua IC Card potrai salire si tutti i mezzi di trasporto (treni, metro e autobus) semplicemente passandola nel lettore sul tornello, quando sali e quando scendi. Lei farà tutto da sola: ti scalerà il prezzo della corsa e e nello schermo ti dirà quanto saldo ti rimane.

Oltre ai mezzi di trasporto potrai usare la tua IC Card anche ai konbini (i supermercatini) nei distributori automatici di bibite e in molti ristoranti! Alcune volte è più accettata la IC Card rispetto alla normale carta di credito... È comodissima. Dai, ti elenco quelle più famose.

La mia prefe

Kitaca	Suica	PASMO
toIca	manaca	ICOCA
SUGOCA	nimoca	HAYAKAKEN

*Se **finisci il credito** della IC Card:*
-vai alle macchinette nelle stazioni
*-inserisci la tessera e premi **CHARGE***
-metti le banconote per ricaricarla.
*Se hai la IC Card sull'iPhone, la puoi ricaricare con **Apple Pay** in pochi secondi. Su Android non si può...*

*ATTENZIONE! Le IC Card <u>non</u> si possono usare per prendere gli **Shinkansen**! Per quelli ti serve il **JR Pass**, di cui ti parlo adesso.*

E PER GLI SHINKANSEN?
Le IC Card non si possono usare sugli Shinkansen, dato che è una rete ferroviaria speciale. Ma mo' ti svelo er trucco dell'anno.

IL JAPAN RAIL PASS
Per salire sugli Shinkansen, il Japan Rail Pass (per gli amici JR Pass) è l'abbonamento più utile e vantaggioso: ti permette di prendere quasi tutti gli Shinkansen senza limiti. E non è finita qui: siccome si chiama JR Pass, puoi salire anche su tutti gli altri mezzi JR, cioè treni, traghetti e bus. Una figatona.

Costa circa 320€ per una settimana e 500€ per due settimane. Lo so, lo so, sembra un prezzo esagerato, ma se consideri che se non avessi questo Pass la tratta di sola andata da Tokyo a Kyoto costerebbe solo lei circa 120€... Insomma, ti rendi subito conto del prezzo vantaggioso che ha il nostro amico JR Pass.

A conti fatti con questo Pass puoi visitare tutto il Giappone in lungo e in largo tutte le volte che vuoi, senza limiti. Io dico che è un affare. Parlo da ligure.

*Ordinalo in Italia da qualche sito tipo japan-rail-pass.com. Ti arriverà a casa **un voucher**. Una volta in Giappone, dovrai andare all'ufficio JR in aeroporto o in stazione, e loro ti daranno il Pass.*

Tipo così.

Ok, questa è la presentazione super cool del JR Pass, ma in realtà è **un bigliettino piccolo**. Ti basterà inserirlo ai tornelli e passare, come un biglietto.

のりほうだい

ATTENZIONE

Non ti sbagliare! Si chiama JR Pass, quindi lo puoi usare sulle linee JR. Per esempio a Tokyo è famosa la JR Yamanote Line, che gira in tondo e tocca le stazioni principali. È JR, e ci puoi salire a sbafo. Per tutte le linee non JR devi tirare fuori la grana per salirci. O meglio, carichi la Suica e passi quella. Dai, sembra difficile, ma è semplicissimo!

Sento profumo di risparmio

ABBIAMO ABBONAMENTI?

Ok, ultimo paragrafo per i trasporti, giuro. Ricapitolando, abbiamo visto che puoi:

- comprare i singoli biglietti ogni volta *(da matti)*
- usare una IC Card per evitare i biglietti
- usare il JR Pass per linee JR e Shinkansen

Infine puoi anche pensare anche di fare un ticket a ore. Ce ne sono una marea e dovrai decidere tu in base al tuo itinerario, alle città e ai luoghi che visiterai... Se dovessi elencartene anche solo la metà, questa guida avrebbe 800 pagine, quindi evito *(altrimenti stamparla viene a costare troppo)*.

Ti menziono il ticket più famoso per la metro di Tokyo (da 24, 48 e 72 ore) che costa rispettivamente 800, 1200 e 1800 yen. Vedi se ti conviene. Io non l'ho <u>mai</u> preso e sono sempre andato di Suica (lo so, sono un nostalgico).

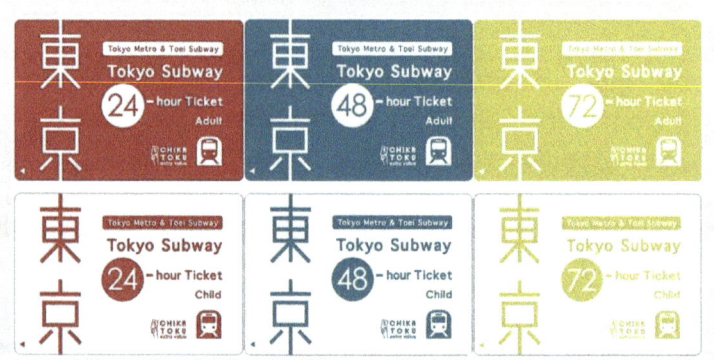

E con questi <u>non</u> puoi salire sulle linee JR...

Sempre **connessi**

E ora parliamo di internet. Pensa che il primo viaggio che ho fatto in Giappone ero senza connessione (una tragedia). Avevo segnato tutti i percorsi a mano e avevo con me un sacco di fogli. Insomma, una cringeria che tu devi evitare.

Oggi stare in Giappone con una connessione 24/7 è una passeggiata, e hai principalmente due opzioni: una SIM o un Pocket WIFI. Adesso ti illumino.

Te la consiglio virtuale se il tuo tel la supporta. Io la prendo su HolaFLy

SIM DATI

Esistono SIM per avere dati nel tuo smartphone a prezzi convenienti: intorno ai 27€ per 7 giorni di internet illimitato. Ordina la SIM fisica già dall'Italia *(puoi usare japan-rail-pass.com anche per le SIM)* e una volta in Giappone ti basterà inserirla nel tuo smartphone. Se hai comprato una SIM virtuale, registrarla in pochi tap appena atterri, e da quel momento avrai internet come se fossi a casa.

***PS:** sostituendo la tua SIM con questa SIM dati, tutti i tuoi account tipo WhatsApp, Facebook, Google e Telegram resteranno attivi. Avrai tutto come sempre. L'unica cosa che non potrai fare saranno le chiamate normali (che comunque costerebbero uno sfacelo).*

NO GRAZIE.

POCKET WIFI

Io ormai uso solo la SIM perché è molto più comoda, ma esiste anche il Pocket WIFI. Andava molto in voga un po' di anni fa, ma le SIM lo stanno sostituendo quasi del tutto.

Io <u>non</u> te lo consiglio perché è uno sbattone: è una tua responsabilità non romperlo, devi ritirarlo in aeroporto o fartelo spedire in hotel, ricaricarlo ogni giorno, e devi stare in un raggio di 15 metri (quindi se ci si separa, solo chi lo porta con se è coperto da connessione). Per di più alla fine del viaggio devi imbustarlo e restituirlo...

❌ Il pocket WIFI è un oggetto in più di cui preoccuparti, con un'autonomia di circa 8 ore.

✅ La SIM è nel tuo smartphone e a fine viaggio rimane a te. Il mio consiglio? Vai di SIM.

L'unico suo utilizzo sensato è se siete un gruppo molto numeroso e volete risparmiare parecchio, altrimenti non c'è partita.

Sì, forse ho esagerato e sono stato un po' cattivo con il nostro **Pocket WIFI**. Probabilmente non si merita tutto questo odio... o sì?

IL POCKET WIFI È FATTO COSÌ, E VA COCCOLATO: BISOGNA PORTARLO CON SÈ, RICARICARLO, RITIRARLO E RICONSEGNARLO ('na sbatta)

200 grammi di peso? Voi scherzate... Io sono sensibile.

ATTIVITÀ GIAPPONESI

Scopri come svagarti nel tuo viaggio

"Il divertimento è una delle cose più importanti nella vita. Senza di esso, sei solo un'altra persona qualsiasi"

Donna Lynn Hope

Attività ed **esperienze** da non perdere

Ci sono molte esperienze che si possono provare. Ora ti consiglio le mie preferite.

KARAOKE

Sono ovunque in città, e costano poco!

Prova il karaoke in Giappone: è tutta un'altra cosa rispetto a quello che conosci. Ci sono stanzette private con divanetti e schermi, e ci sei solo tu. E più si è stonati e meglio è.

CERIMONIA DEL TÈ

Non pensare che sia una bontà... Sa di erba, ma è da fare almeno 'na vorta.

È un rituale tradizionale dove ti preparano il tè matcha. Immagina di sederti in uno spazio tranquillo e seguire passo dopo passo l'arte di preparare il tè con tutto il suo significato. Non è solo questione di tè, ma anche di grazia e bellezza (siamo poeti oggi). In poche parole è un'esperienza che ti fa entrare nell'anima del Giappone e capire il suo approccio alla vita. Uhmmm.

Se ti sai destreggiare con il tablet delle salette Karaoke, puoi anche trovare canzoni scritte in **inglese**, o **italiano** addirittura!
Ps: noi abbiamo cantato pure "La solitudine" della Pausini...

カラオケ

Ovviamente in Giappone (soprattutto nelle big city) è pieno di roba divertente da fare, e posso assicurarti che non ti annoierai **mai**.

Lo stadio di baseball più famoso è il Tokyo Dome (i biglietti li puoi prendere anche sul sito). PS: ci sono anche delle montagne russe che io adoro alla follia (le Thunder Dolphin. Segna).

BASEBALL E SUMO

In Giappone lo sport nazionale è... rullo di tamburi: il baseball. Lo so, non l'avresti mai detto (meno cinque punti a Grifondoro). Ti assicuro che assistere a una partita di baseball in Giappone è un'esperienza interessante, anche se io non ci ho mai capito niente di questo sport.

Poi c'è anche il sumo, che è una forma di lotta tradizionale. Se parteciperai a un incontro vedrai questi lottatori enormi che fanno rituali e si sfidano dentro un anello.

È DIVERTENTE DA VEDERE

Non avere pregiudizi: il sumo è un mix di forza, agilità e tradizione (e tanti zupponi per raggiungere quel peso). Gli incontri sono brevi ma intensi, e ti farà sicuramente divertire (più del baseball).

*A Tokyo c'è pure il quartiere del sumo: si chiama **Ryogoku**. È carino anche solo da visitare e da girare, senza vedere un vero incontro*

LE TERME
Se vuoi fare un'esperienza rilassante devi assolutamente provare le onsen. Sono sorgenti termali naturali che ti faranno sentire come se fossi immerso nella tranquillità. Entra in queste acque calde e sperimenta il relax totale. Mo' mi addormento...

L'onsen è un luogo dove lasciare andare lo stress e farsi coccolare dall'acqua. Molte di queste terme sono circondate da paesaggi incredibili, come montagne o laghi. Cerca un po' Hakone su internet.

IL CONSIGLIO PER RISPARMIARE!
Lo so, le onsen sono belle, ma costano. Se vuoi avere un'esperienza molto simile ma a un terzo del prezzo, prova i **sento**, *i bagni pubblici in giro per le città. È comunque una tradizione autentica.*

Le più belle onsen ovviamente le trovi in montagna. Cerca su Google **le migliori onsen del Giappone** *e guarda se riesci a inserirle nel tuo itinerario*

CUCINA GIAPPONESE
Scopri tutti i cibi giapponesi più buoni

日本料理

"La cucina giapponese non è solo qualcosa che si mangia, ma anche qualcosa che si guarda"

Jun'ichirō Tanizaki

*Spoiler: la cucina giapponese è patrimonio dell'**UNESCO***

UNESCO

ユネスコ

Salve, mi chiamo **Onigiri** e mi hai sempre visto negli anime. Sono una **palletta di riso** con dentro delle farciture saporite, ma bone bone, eh. Mi trovi al konbini e costo **1 o 2 umili eurini**.

Patrimonio **UNESCO**

Mo' parliamo un po' di cose serie: se magna.
Da bravo italiano e viaggiatore gastronomico che adora assaporare tutte le ricette del mondo, non potevo non creare questa sezione nella Guida *(che detto tra noi, è la mia preferita, shh)*.

Partiamo a bomba: ti dico subito che in Giappone non si mangia solo sushi e ramen, come molti pensano, ma molte, molte più cose (ti avverto, ci sarà un po' di fritto).

La cucina giapponese ha una varietà infinita di ricette e ingredienti di tutti i tipi, sapori unici e combinazioni di ogni genere che danno vita a piatti eccezionali.
Pensa che è riconosciuta come patrimonio immateriale dell'UNESCO. Una bella garanzia, no? In questa sezione della Guida scoprirai che in Giappone le tue papille gustative saranno così beate che vorresti avere due o tre stomaci per continuare ad assaggiare tutto.
No, non sto scherzando.
In Giappone si mangia bene.

Itadakimasu

Sezione **yaki**

Che fame. Iniziamo alla grande: serve una sezione apposta per tutte quelle ricette che nel nome hanno la parola *yaki*, che in giapponese significa "alla piastra".

Gli yaki sono piatti che spesso vengono cucinati sul momento, su una piastra davanti a te, e la cosa bella è che a volte potrai persino cucinarli direttamente tu!

OKONOMIYAKI
È una frittatona con uova, verza e nagaimo (una radice, boh). Viene farcita a piacimento con carne, verdure, pesce e ricoperta di salsa otafuku ('na roba buona, agrodolciastra).

*È tipo una frittata molto spessa, buonissima. **Hai presente il cavolo verza?** Ecco, è piena di quello e altre cosine gustose che sceglierai tu dal menù*

OKONOMI significa **"a tuo gusto"**, quindi letteralmente "piastra a tuo gusto".

A dirti la verità le okonomiyaki sono famose a sud (Osaka e Hiroshima) e a Tokyo non le fanno granché... almeno, a me quelle di Tokyo non fanno impazzire. Prova quelle di Hiroshima con gli spaghetti. Vai da **Okonomimura** per provarle, oppure se sei a Tokyo vai da **Sometaro**, che sono molto buone.

YAKITORI

Le okonomiyaki le adoro alla follia (soprattutto quelle di Hiroshima) ma adoro ancora di più gli yakitori, degli spiedini di carne. Ma che carne? Qualsiasi carne! Dai più semplici, con petto di pollo, ai più estremi con le frattaglie!

*Questo è uno yakitori di **polpette**, con la sua bella salsina lucida... Slurp.*

*Gli yakitori sono tipici dello **streed food**! Vedrai che li trovi in giro nelle bancarelle!*

Io vado sempre in un posto che si chiama **Torikizoku**: si tratta di una catena, quindi la trovi ovunque in ogni città. Secondo me fa degli yakitori favolosi (di tutti i tipi).

Costano pochi yen l'uno e quindi sarà facile farsi prendere la mano: ti divertirai molto, là dentro.

*Sai mangiare con le **bacchette**, vero? Mi raccomando, allenati prima di andare in Giappone!*

YAKISOBA

Siamo ancora nella seziona yaki, quindi è sempre roba piastrata o alla griglia (non ce la faccio più, devo mangiare qualcosa). Ora si parla di soba: un tipo di spaghetti fatti di grano saraceno. Beh, cosa fai? Non li piastri?

Gli yakisoba sono noodles con salsa otafuku, saltati sulla piastra e conditi con carne o gamberi. Li trovi nelle bancarelle o nei posti in cui fanno le okonomiyaki.

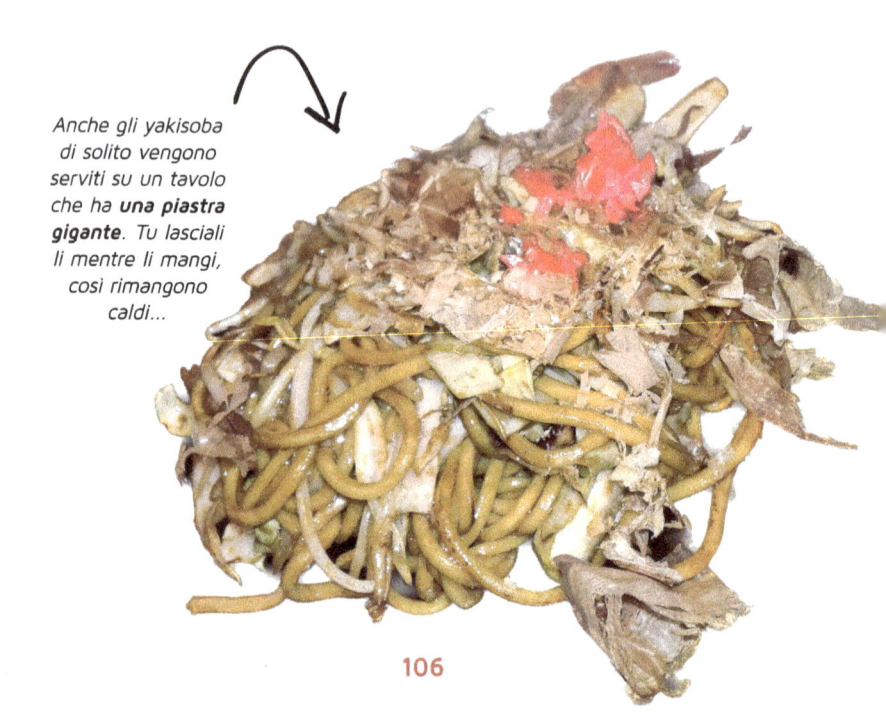

*Anche gli yakisoba di solito vengono serviti su un tavolo che ha **una piastra gigante**. Tu lasciali lì mentre li mangi, così rimangono caldi...*

*La temperatura interna di 'sti cosi? Boh, tipo **3.000 gradi** o giù di lì.*

TAKOYAKI

Daje che questi li conosci di sicuro sicurissimo. Chi non li ha mai visti almeno una volta in qualche anime? Sono i takoyaki.

La parola tako vuol dire polpo *(significa anche idiota, ma è un'altra storia)* e puoi immaginare che i tako*yaki* siano delle polpettine ripiene con un pezzo di polpo. Invece all'esterno... esatto. Sono coperte di salsa otakufu. Ebbasta.

> Attenzione! Sono serviti incandescenti, quindi non li mordere con foga che sennò fai come me e ti ustioni. Maledetti (sono armi).

*I Takoyaki sono considerati cibo **street-food**, quindi di solito non li trovi al ristorante ma li puoi mangiare nelle **bancarelle***

GYOZA

Metto nella sezione yaki anche i gyoza, che sono quelli che noi chiamiamo "ravioli". Sono di origine cinese. Insomma, la realtà è che i cinesi hanno importato un sacco di roba bella in Giappone, migliaia di anni fa. Xiè xiè.

I gyoza sono solitamente ripieni di carne di maiale, cipolla, verza e zenzero. Vengono serviti con una salsa di soia e aceto. Sono un piatto popolare in Giappone e si consumano come antipasto o come spuntino.

IL CONSIGLIO PER RISPARMIARE!
*I più buoni al miglior prezzo li trovi da **Gyozarou** ad Harajuku (Tokyo). Ci sarà un po' di coda ma ne varrà la pena. Puoi sceglierli grigliati oppure anche al vapore (più morbidi), con o senza aglio.*

IKAYAKI

Ika significa "seppia", e se io le seppie crude nel sushi le odio alla follia (gommose e insapori, davvero senza senso), fatte alla griglia le amo come non mai. Provale negli **izakaya**, i tipici pub giapponesi in cui puoi ordinare un po' di tutto (nei menù ci sono spesso le foto).

Ogni tanto la trovi anche **essicata**. Sa di cibo per gatti. Stacci lontano.

VEGAN OK!

YAKIIMO

Se vai in Giappone in autunno vedrai che per le strade ci sono molti baracchini ambulanti che vendono le patate dolci nella stagnola. Sono molto buone da mangiare come streed food. Con pochi yen ti porti a casa una patata indimenticabile. Spè, mi sono espresso male.

Ehi, è ricca di **fibre** e di vitamina C. Sono riuscito a convincerti?

Niku significa carne

⚠️ YAKINIKU

CARO Aspè, ancora roba <u>yaki</u>? Massì, checcefrega: i giapponesi le sanno fare bene queste cose. Parliamo di carne (ovviamente yaki).

Ecco la <u>yaki</u>niku: una vasta scelta di tagli e tipi di carne di manzo servita a fettine sottili, da piastrare in autonomia per scegliersi il grado di cottura preferito!

È un modo di cucinare tipico della Corea, infatti molte volte vedrai scritto Korean BBQ.

*Anche **la yakiniku** viene servita su dei tavoli che hanno una piastra sopra, e te la devi cucinare tu. Un modo diverso e divertente di magnà!*

110

Tai significa orata

TAIYAKI
E concludiamo la sezione <u>yaki</u> con un paio di dolci tipici giapponesi. Abbiamo i Tai<u>yaki</u>, dolcetti a forma di pesce con dentro una generosa farcitura a scelta tra: cioccolato, crema o la tradizionale anko, una crema di fagioli rossi. Bona, ma strana.

No, stavolta <u>non</u> sono spalmati di salsa otafuku.
Fiuu.

DORAYAKI
E infine eccoli: quei cosi che mangia Doraemon (famosissimi). Stiamo parlando dei Dorayaki, in parole povere due fette di pancake con all'interno la crema anko (quella di fagioli rossi). *Non mi fanno impazzire, ma vanno provati.*

Sezione fritti

Basta roba alla piastra, passiamo alle cose fritte. In Giappone i fritti sono leggeri e croccanti grazie al panko, un pangrattato quasi fresco e non secco. Te li presento. Resisti.

TONKATSU

All'apparenza sembra una semplice cotoletta alla milanese *(taac)* ma è molto diversa! È fatta con carne di maiale, viene impanata nel panko e servita con una salsa. Provala da **Maisen**, una catena presente ovunque.

*Di solito è accompagnata con **una salsina** dolciastra e densa*

> Ti svelo un trucco: in giapponese esiste la parola _DON_, che significa ciotola di riso. Se c'è la parola _DON_ in un piatto, significa che ti sarà servito su un letto di riso. Quindi, il Tonkatsu sopra il riso? Si chiama KATSU_DON_. Il Tenpura sopra il riso? Si chiama TEN_DON_

TENPURA

La tenpura è una frittura leggera di verdure e gamberoni: il risultato è un tripudio sia per gli occhi che per il palato. Provala nella catena **Tsunahachi** se la vuoi eccezionale, o nella catena **Tendon Ten Ya** se vuoi risparmià.

*Perché i fritti giapponesi sono leggeri? Perché giocano molto sullo **shock termico**! Roba pro.*

KARA-AGE

Ancora fritti? Ma perché no, è meglio abituarsi, perché un sacco di stuzzichini e street food in Giappone li troverai fritti frittoni.
È il turno del kara-age: succulenti bocconcini di pollo impanati e accompagnati con varie salse a scelta (maionese speziata, senape, salsa tartara).

Hai presente il petto di pollo secco, asciutto che non va giù? Ecco, dimenticatelo. Come al solito i giapponesi fanno le cose fatte bene, e il kara-age all'interno rimane morbidissimo.

Il **kara-age** è un piatto molto popolare in Giappone e può essere trovato in ristoranti come antipastino, nelle bancarelle di street food e persino nei supermercati!

KOROKKE

E finiamo in bellezza con le korokke: deliziose crocchette di patate farcite con soia e carne. Prova quelle con la carne di Hida per un'esperienza extrasensoriale. Marò che bone.

Le **korokke** sono un piatto popolare per i bambini e sono spesso servite nelle scuole e negli asili.

E pensa che in Giappone esistono molte varianti delle **korokke**: si possono trovare di patate dolci, di patate e gamberetti, di patate e funghi...

Come avrai già capito, la cucina giapponese non è solo sushi e sashimi (finora manco li abbiamo nominati). Abbiamo visto gli **yaki**, abbiamo visto i **fritti**, e ora tocca al **ramen**.

Sezione ramen

Il ramen è conosciuto universalmente come un brodo caldo (troppo caldo) con spaghetti, carne, uova e verdure. Ovviamente di ramen non ce n'è mica solo uno, anzi: ne esistono miriadi di varianti, tanto che ogni prefettura giapponese va orgogliosa della sua (le prefetture in Giappone corrispondono alle nostre provincie).

La distinzione più importante tra i tipi di ramen si fa con il brodo, il vero protagonista di questo gustoso piatto. Adesso ti elenco i principali.

SHIO RAMEN
Brodo al sale, dall'aspetto trasparente e limpido; è il più leggero di tutti. Un classico.

SHOYU RAMEN
Brodo con salsa di soia dalla colorazione scura e intensa. Abbastanza leggero, ma più sprint.

MISO RAMEN
Brodo di miso dal colore ambrato scuro, molto più saporito dei precedenti. Lo adoro.

TONKOTSU RAMEN
Brodo di ossa di maiale, denso e torbido. Provalo da **Mutekiya**, a Ikebukuro (Tokyo).

MOMENTO CONFESSIONE
Diciamoci la verità: come spesso accade per i piatti giapponesi, anche il Ramen ha in realtà **origine cinese**! Dobbiamo molto ai cinesi... Il primo Ramen in Giappone fu servito a Yokohama solo nel **1910**.

Il **ramen** divenne popolare in Giappone durante la seconda guerra mondiale, siccome era un modo economico per nutrire la popolazione. Ora il Ramen è un piatto così popolare in Giappone che ogni anno vengono consumati oltre 5 miliardi di porzioni!
Una roba folle, infatti lo trovi ovunque, pure vicino ai binari dei treni, dove te ne puoi mangiare uno stando in piedi mentre aspetti lo Shinkansen!

Oltre il **ramen**

> Mica puoi mangiare ramen per tutta la tua vacanza, no? O sì?

SOBA

Ehi, non esiste mica solo il ramen come tipo di pasta! Ci sono ad esempio i soba. Che roba è? Sono sottili spaghetti di grano saraceno, serviti sia freddi (da intingere in un brodo speziato) sia caldi (serviti dentro una ciotola con il brodo a mo' di ramen). Ti svelo un segreto: quelli veramente di qualità hanno un colore rosato!

*I soba sono considerati un alimento di **buon auspicio** e vengono mangiati negli eventi cool, come a capodanno o ai matrimoni.*

Sono forse il secondo tipo di pasta più **popolare** in Giappone. Sono fatti di grano tenero quindi rimangono belli gommosi e morbidosi!

UDON

Gli udon sono spaghetti spessissimi preparati con farina di grano tenero, serviti in brodo (come al solito) e accompagnati con vari ingredienti (siamo sempre lì). Insomma, cambia solo la consistenza degli spaghettazzi. Anche questi ci sono sia caldi che freddi.

Buoniii (ma il ramen di più)

うどん

Altre ricette speciali

CURRY RICE
Il curry alla giapponese, con verdura e carne amalgamati in una crema densa! È uno dei miei piatti preferiti e mi porto sempre un sacco di *curry roux* (il dado che crea la cremina) dai miei viaggi. Provalo dalla mia catena preferita, **CoCo Ichiban Ya**, e scegli il livello di piccantezza da 0 a 10!

Un'anguilla davvero eccezionale l'ho mangiata a Kamakura, in un locale chiamato **Tsuruya**. Il nonnino ci ha detto che c'era da aspettare 40 minuti (non di coda, ma proprio per preparare il piatto). Abbiamo pazientemente aspettato 'sti fatidici 40 minuti, ma ne è valsa la pena: era proprio buona. Non prenderla nei locali dove costa poco, perché sennò sa di fango.

UNAGI

L'anguilla fatta alla giapponese, servita sopra un letto di riso e inondata di salsa a base di soia. Tutto regolare, ormai non ci stupisce più nulla. L'unagi (si legge *unaghi* e non *unaji!*) ha un sapore dolciastro... Molti la amano e molti la odiano. Ps: la puoi trovare anche come nigiri nei ristoranti di sushi!

OMURICE

Un nome criptico, che deriva da omelette+rice. Lo so, geniale e cringe al contempo. L'omurice è una frittata rovesciata su una montagna di riso saltato con pezzettoni di pollo e verdure. Un posto famoso per mangiarla buona è **Kichi Kichi Omurice**, a Kyoto, diventato famoso per il suo gestore ('na sagoma).

Che salsa si mette sopra l'omurice? Ma è così ovvio... il ketchup. Guarda che non sto scherzando. Non avere pregiudizi e prova.

Si mangia con il **cucchiaio!**

DONBURI

Ne abbiamo parlato vagamente prima, ma vale la pena tornarci perché è un piatto super. La parola don significa "ciotola di riso", e di questo si tratta: una ciotola di riso al vapore farcita fino all'orlo con carne, pesce, uova o verdura. Il donburi è un piatto così elastico che ognuno può letteralmente costruirselo a piacimento.

Puoi provarlo addirittura alla mattina, se hai l'ispirazione. Vai in catene tipo **Yoshinoya**, **Sukiya** o **Matsuya** e buttati sulla colazione.

Cipolle di mattina. Mmmh

Sezione **sushi**

E ora il pezzo forte, una delle icone più caratteristiche del Giappone, ormai famoso quanto la pizza, talmente popolare che in qualsiasi città del mondo tu possa capitare troverai sempre almeno un *all you can eat*.

Il sushi ha origini molto antiche e il suo aspetto originale era totalmente diverso da quello che tutti conosciamo oggi. Prima di trasformarsi nei famosi nigiri sono passati secoli. Che roba, eh?

Se sei al bancone devi gridare gli ordini al tuo chef personale!

COME FUNZIONA IN GIAPPONE
In Giappone i sushi all you can eat non ci sono. Trovi quelli a nastro in cui prendi i piattini tu e quelli in cui ordini al tavolo o al bancone, ma in ogni caso paghi ogni singolo piattino (arriva il cameriere a contare la pila che hai fatto).

IL CONSIGLIO PER RISPARMIARE!
*Scegli i set di sushi, e non il pezzo singolo. In particolare scegli i set con il **tonno**. In Italia è famoso il sushi di salmone, ma in Giappone il più consumato è il tonno!*

AKAMI

È il taglio di tonno più magro, dal colore rosso vivo. Non è pregiato e costa poco, ma non per questo da scartare. L'akami non ha grasso, quindi non fa l'effetto "burro".

*Aspettati di pagare 1 o 2 euro per un piattino con due pezzi di **akami***

CHUUTORO

Taglio intermedio dal colore rosa chiaro, il mio preferito perché ha la giusta quantità di parte grassa e magra. Si scioglie in bocca e lo adoro alla follia.

*Aspettati di pagare sui 3 euro per un piattino con due pezzi di **chuutoro***

OTORO

L'otoro è un taglio di tonno chiarissimo con striature bianche. In italiano viene chiamato ventresca ed è il taglio più grasso e pregiato, considerato il re dei bocconi di sushi.

*Aspettati di pagare dai 5 euro per un piattino con due pezzi di **otoro***

Tipi di **sushi**

NIGIRI

Si legge nighiri, non nijiri (nun me fa' incazzà). È sicuramente il tipo di sushi più famoso: sono i bocconcini di riso con sopra la fetta di pesce, hai presente? Si intingono nella soia dalla parte del pesce e non del riso, se no fai un disastro!

La cosa interessante è che sul nigiri può starci qualsiasi cosa: carne, uova, verdura. Ad esempio esistono i nigiri con sopra carne cruda di cavallo, e sono ritenuti una prelibatezza. Boh.

Questi sono **nigiri**. Guarda che fettazze ti mettono sopra. Non c'entra nulla con quello che ti danno all'all you can eat in Italia.

MAKI

Sono rotolini ricoperti all'esterno con l'alga nori e all'interno ripieni di riso. Hanno un cuore di pesce, carne o verdura. L'alga li tiene belli compatti e uniti!

Grande classico, insieme al nigiri

URAMAKI

Ura significa 'retro' e gli uramaki sono maki al contrario: alga dentro e riso fuori. Siccome sono stati inventati nel '70 in America, si chiamano anche California Roll.

Questo è per deboli. Non lo trovi neanche spesso in Giappone

IKURA

Anche gli ikura sono dei bei rotolini, ma la loro caratteristica principale sono le uova di pesce messe in cima. Io ti avverto, schizzano ed esplodono tra i denti.

Uova di salmone schizzanti, per veri esperti

TEMAKI

Hai presente il conogelato? Uguale, ma di sushi. Il temaki è un cono di alga ripieno di riso, pesce, verdure (e uova di salmone se proprio vogliamo esagerare).

TAMAGOYAKI

Tamago significa "uovo", e "yaki" lo sai che significa. Ecco il tamagoyaki, un pezzo rettangolare di frittatina giapponese dal gusto agrodolce. Molti lo amano, io lo odio.

SASHIMI

Il sashimi, rullo di tamburi, non è considerato sushi anche se, insomma, ci siamo capiti. Si tratta di sottili fettine di pesce servite freschissime e accompagnate con salsa di soia. Lo trovi anche nei menù fissi o nei donburi.

IL CONSIGLIO PER RISPARMIARE!

*Se vuoi risparmiare nei ristoranti, vai a **pranzo**! Il costo a volte è anche di un terzo inferiore rispetto alla cena, per lo stesso menù. Perché di solito a pranzo ci vanno gli impiegati, e costa tutto meno.*

Con cosa si accompagna il sushi?

Zenzero marinato

Per gustare al meglio ogni pezzo di sushi ci sono degli accompagnamenti fondamentali.

GARI
Zenzero marinato da mangiare tra un boccone e l'altro, per rinfrescarsi la bocca così da non mischiare i sapori dei vari pezzi.

IL CONSIGLIO PER RISPARMIARE!
Il sushi, quello veramente buono, lo mangi nei locali piccoli con pochi posti, quelli che hanno il menù solo in giapponese.
Un posto super buonissimo è Sushi no Midori a Shibuya (Tokyo). È caro e c'è sempre da fare la fila, ma è roba paradisiaca. Se vuoi un sushi eccezionale risparmiando molto, vai nelle **catene di sushi**. *Le trovi in ogni città, ovunque, e costano poco pur mantenendo un'alta qualità. Te ne parlerò dopo!*

Sono un wasabi e sono già dentro il sushi. Ciao.

WASABI

Oltre allo zenzero si usa il wasabi per accompagnare il nostro caro sushi (caro in tutti i sensi). Il wasabi è una radice dal sapore molto forte e piccante, tipo il nostro rafano.

Quella del wasabi è una piccantezza che svanisce subito, al contrario di quella del peperoncino. Sappi però che in Giappone spessissimo è già all'interno dei pezzi di sushi, non come da noi che lo servono a parte. Quindi se non lo vuoi, quando ordini ricordati di dire "wasabi nashi", ovvero "senza wasabi".

Io ti consiglio di **provarlo** almeno qualche volta, perché potresti scoprire di amarlo come ho fatto io! All'inizio sa di sapone, ma piano piano inizi ad apprezzarlo.

> Non brindare con *cin cin*, che in giapponese vuol dire pisellino...
> No, non il legume.
> **Usa KANPAI!**

BIRRA

Ta taan! Sorpresa, non te la aspettavi la birra qui, eh? Di solito proprio la birra è il miglior accompagnamento per un'abbuffata di sushi.

Generalmente con il sushi non si beve saké (che in Giappone si chiama nihonshu) perché entrambi sono fatti di riso, quindi stonano tra loro. Nessuno ti guarderà male se non abbinerai sushi e birra, quindi scegli quello che più ti piace, basta che magni. Tra le birre più famose giapponesi hai la Sapporo, la Asahi o la Kirin. Ma io non ne so molto perché sono mezzo astemio.

Come ti dicevo all'inizio della Guida, i giapponesi vanno pazzi per la birra alla spina, che si chiama **nama biru**. Se ti piace, quando ordini il sushi ordinati anche una bella **nama** e via, si parte.

Come si **mangia** il **sushi**?

*Tutto ma **non** con le posate come mia mamma, ti prego.*

Come vuoi! Il sushi in Giappone si può gustare sia con le bacchette che con le mani. La forchetta eviterei di chiederla perché è proprio da boomer. Forse mangiare il sushi con le mani è anche più divertente, un po' come la pizza da noi. Tanto in Giappone ai tavoli c'è sempre l'**oshibori**, un tovagliolino umido e caldo che puoi usare alla fine per pulicchiarti un po'. Geniale.

Lo so che ne vorresti uno, ma è tutto mio.

QUINDI
1) metti la soia nel piattino
2) intingi il sushi dalla parte del pesce usando mani o bacchette
3) godi

Sezione **dolci**

In Giappone mangerai alcuni dolci davvero divini.

I dolci giapponesi, te lo dico subito, hanno una consistenza e un sapore molto diversi da quelli occidentali. Sono poco zuccherati e spesso sono collosi o gommosi, ma non farti impressionare. Sono commestibili, giuro.

`VEGAN OK!`

MOCHI
Una polpettina di pasta di riso dalla consistenza collosa. È uno dei dolci giapponesi più popolari, e ce ne sono molte varianti, come quello ripieno con una fragola intera: si chiama **daifuku**, e scommetto che lo conosci.

`VEGAN OK!`

DANGO
Anche il dango è una polpetta di riso, simile al mochi, ma è grigliato e caramellato con una salsa deliziosa. Lo salva la salsa, siamo sinceri.

MELONPAN

Il nome deriva dalla crosta che assomiglia alla buccia del melone, ma il suo sapore è simile a quello delle brioches. Non c'è il melone dentro, come credevo anche io all'nizio (sigh). La consistenza è super morbida all'interno e croccante all'esterno... una goduria assurda.

Provalo da **Kagetsudo**, ad Asakusa (Tokyo).

Solitamente non ha nulla dentro, ma lo trovi anche **ripieno di gelato**. I miei preferiti sono quello alla vaniglia o al matcha (marò che voglia, non mi ci far pensare).

Nelle **vetrine** le crepes te le presentano così, sventrate come sardine, in modo che tu possa vedere cosa c'è dentro. È tipico giapponese mettere i piatti finiti in ceramica fuori dai locali

CREPES

Le crepes giapponesi sono deliziose oltre che folli: possono essere addirittura farcite con una fetta intera di torta. Provale da **Marion Crepes** nella via Takeshita Street, ad Harajuku (Tokyo).

VEGAN OK!

YOKAN

Una gelatina solida che può essere fatta di fagioli azuki o altre cose tipo castagne. Si mangia a morsi o con le posate (posate si fa per dire).

SHORT CAKE

Hai presente la torta panna e fragole vista migliaia di volte in anime e manga? Ecco, la short cake è quella lì. Perché short? Perché in inglese l'aggettivo *short* si riferisce a un impasto friabile, tenero e briciloso (e già qui capiamo tante cose).

In Giappone non è solo apprezzata per il suo sapore squisito, ma anche per la sua estetica. Infatti la vedrai tantissimo nei Depachika (i centri commerciali nelle stazioni) tagliata a fette ben impacchettate.

La short cake è un classico di **Natale**. Come dolcetto finale dopo un bel cenone? Macchè, dopo un bel pollo fritto. In Giappone la concezione di Natale è diversa, ed è più una festa per coppiette in cui si magna pollo fritto e short Cake. Meglio di così...

Sezione **bevande**

Se non bevi alcol, in Giappone spenderai davvero poco per bere (ricordati che l'acqua nei ristoranti è pure gratis)

Tè, alcolici e bibite tradizionali non mancano di certo nella terra del Sol Levante. Alcune bevande le amerai, mentre altre le odierai. Divertiti sempre ad assaggiare tutto il possibile perché ne vale (quasi sempre) la pena.

*Te lo dico, il sabato sera in alcuni quartieri tipo **Shibuya** troverai un bel po' di ubriachi. Certo, innocui, ma 'mbriaghi marci*

SAKÈ
Partiamo dal sakè. Tutto quello che credevi di sapere fino a oggi è errato. Colpo di scena: la parola "sakè" in giapponese significa "alcolico" in generale! Quindi vino, birra... Quello che noi chiamiamo comunemente sakè, in Giappone si chiama nihon-shu! Salute.

***IL CONSIGLIO PER RISPARMIARE!**
Sapevi che in Giappone è molto comune l'**all you can drink**? Bevi quanto vuoi. Molti ristoranti e izakaya (delle osterie tradizionali) offrono questa formula.*

NIHONSHU

Il nihonshu è proprio il vino di riso che conosciamo tutti. Spesso si serve freddo, e ne esistono principalmente 3 tipi:

Junmai, il tipo più semplice.

Ginjo, fatto con riso raffinato. Ha un aroma floreale.

Daiginjo, il tipo più pregiato. Ha un sapore fruttato.

La produzione di nihonshu ha una storia di oltre **1.000 anni**. Inizialmente veniva utilizzato per scopi religiosi e cerimoniali, poi hanno capito che è bono.

I **tè** giapponesi

In Giappone c'è un vero e proprio culto del tè (peggio degli inglesi). Per i giapponesi non è una semplice bevanda, e molto spesso si tratta di un vero e proprio stile di vita... anche perché viene usato in un sacco di cerimonie. Ti è venuta voglia di tè?

Freddo, caldo, verde, trasparente... Ce n'è per tutti i gusti, e se ami il tè il Sol Levante fa per te. Ridete, per favore.

O-CHA
Iniziamo terra terra: l'o-cha è il classico tè verde amarognolo. Viene bevuto sia caldo che freddo, ed è la bevanda più popolare in Giappone. Nei ristoranti te lo danno gratis.

MATCHA

Tè verde in polvere finissima dal colore brillante. Viene servito nelle cerimonie del tè ed è la base per molte preparazioni dolci.
Se vuoi apprezzarlo senza impelagarti in costosissime cerimonie, ordina un matcha latte da Starbucks e via.

Si prepara con la **frusta** di bambù, così si ottiene una bevanda schiumosa e vellutata.

MUGICHA

È un tè di orzo tostato dal colore ambrato. Ad un primo assaggio può anche sembrare caffè annacquato (...quante volte l'ho pensato). Anche il mugicha è molto popolare, ed è servito gratuitamente in locali e ristoranti. Magari ti piace. Suvvia, è gratis.

È fresco e dissetante e viene bevuto spesso in estate, bello **ghiacciato**. Voglia, eh?

LE VENDING MACHINE

Le vending machine (distributori automatici, jidohanbai-ki, chiamali un po' come ti pare) sono una vera e propria istituzione in Giappone: sono ovunque, dalle stazioni di Tokyo alla cima del Monte Fuji, dal centro commerciale di Osaka all'isola più sperduta in mezzo al Pacifico.

Sono un qualcosa di comodissimo, perché sai che ovunque sarai potrai sempre dissetarti con 1 o 2 umili eurini!

Quanti sono 'sti distributori? Beh, ce ne sono circa cinque milioni sparsi per tutto il Giappone! Hanno bibite sia calde che fredde (lo capirai dal colore rosso o blu) e molto spesso puoi pagare con la tua IC Card! Prima scegli la bibita, poi inserisci i soldi o passi la Card, e via, si beve.

BIBITE

Sei davanti ad un distributore? È l'ora di bere. Dovrei scrivere una Guida a parte solo per tutte le bibite che ci sono in Giappone, da deliziosi succhi di mela a intrugli misteriosi, che però (fidati) varrà sempre la pena provare.

Vedi che anche se non sai leggere una cippa di quello che c'è scritto, più o meno capirai quasi sempre di che bibita si tratta. Qualcosa alle banane, no? Mi raccomando non ti spaventare, che Sangaria è solo la marca e non c'entra con la Sangria.

IL GIOCONE!

Anche se non sai leggere il giapponese, tu cerca di provare tutte le bibite dai distributori come se fosse un terno al lotto! Consideralo un gioco, e vedrai che quasi sempre saranno bibite buone.

PS: se hai allergie <u>non</u> puoi giocare.

RAMUNE
La Ramune è una bibita analcolica che ricorda la gassosa. Il suo punto forte è la bottiglia, motivo per cui è diventata popolare: ha un tappo a pressione che una volta schiacciato forte rilascia una biglia nel collo della bottiglia. Io la prima volta ho dovuto chiedere a un signore, perché non capivo...

CALPIS WATER
La Calpis Water è una bibita dal colore bianco opaco che sa di fermenti lattici. Può sembrarti più simile a una limonata o a uno yogurt, c'è chi la ama e chi la odia... io la amo. Fabrizio assaggiandola ha detto che *sa di dottore*. Mi dissocio. Non prendere la versione **"soda"** perché è frizzante e fa cacà.

MELON SODA

Il nome è una garanzia: la Melon Soda è proprio quello che sembra, una bevanda gassata al sapore di melone, molto popolare e molto apprezzata nelle giornate estive perché è super rinfrescante.

Il trucco è questo: se in una bibita c'è la parola **"soda"**, significa che è frizzante.

POCARI SWEAT

È una bibita sportiva, strapiena di vitamine e minerali. Sa di Gatorade, e la adoro! Le devo la vita. Quando ho scalato il Monte Fuji mi ha messo il turbo! Non so se senza sarei mai riuscito ad arrivare fino in cima... La bevi e senti che ti si reintegra tutto (ma tutto, eh).

YAKULT

Sapevi che i probiotici Yakult sono giapponesi? Sono ottimi alla mattina, ma sopratutto te li consiglio a inizio viaggio per regolare il metabolismo scombussolato dal jet-lag.

SUCCHI AL LATTE DI SOIA

Hai presente il latte al cioccolato? Bene. In Giappone esiste il latte di soia aromatizzato con tutto: banana, cioccolato, fragola, arancia, pesca, uva, miele, e altre prelibatezze che nontistoadì. Sono perfetti per chi è intollerante al lattosio. Li trovi nei supermercati e non solo.

ENERGY DRINK

Queste pozioni magiche sono per gli impiegati che fanno gli straordinari. Dentro probabilmente ci sono quantità illegali di caffeina e altri intrugli, perché bevendola ti si fermerà il cuore per un istante e subito dopo la tua aura farà esplodere il monocolo a Vegeta (cit.) Fanne buon uso (ricit.)

CAFFÈ

Se nelle caffetterie vuoi un espresso dovrai dire proprio "espresso", perché in Giappone la parola caffè (koohii) indica quello americano, che io adoro alla follia. Nei distributori invece troverai un mare di lattine con cui sbizzarrirti: caffè nero, caffellatte, caffè ghiacciato, caffè zuccherato, salato (ah, no).

DOVE MANGIARE
Come mangiare bene spendendo poco

外食する

"Non esiste una buona cucina o una cucina cattiva. Esiste solo quello che più ti piace."

Ferran Adrià

E qui si risparmia a manetta

Catene **economiche** dove mangiare

Cibi fantastici, ma dove trovarli? E come risparmio, soprattutto? Molti pensano che il Giappone sia molto caro, ma questa è assolutamente una bufala (soprattutto per il cibo). La verità è che si possono fare pasti completi a meno di 10 euro, e di ottima qualità. Tieniti forte: ora ti elenco i motivi per cui adoro le catene di ristoranti giapponesi.

1) i menù hanno sempre le foto, così anche se non sai leggere, punti con il dito e via

2) la qualità è quasi sempre ottima

3) i prezzi sono molto economici e contenuti

4) essendo catene, le troverai ovunque

5) acqua, tè e coperto sono sempre gratis

6) hai i menù fissi, completi di tutto. In giapponese si chiamano *teishoku*

Questo è un donburi, ricordi? Se prendi la versione **teishoku**, con questo donburi troverai anche la zuppa di miso, qualche sottaceto, l'acqua e magari un contorno

IL CONSIGLIO PER RISPARMIARE!
Il teishoku è il menù fisso giapponese, in cui tutti i piatti sono serviti in un'unica portata. Te lo consiglio perché si tratta di un pasto completo e bilanciato, che comprende: riso, zuppa, verdure, pesce o carne e un contorno. In qualsiasi catena vedrai che nel menù ci saranno piatti singoli e teishoku. Punta su quelli! Un'ottima scelta per chi vuole provare la cucina giapponese in modo completo e accessibile. Fammi sapere. Cordiali saluti.

A colazione

Ci sono un sacco di modi per fare una buona colazione dolce: uno tra questi è il konbini sotto il tuo alloggio! Ti prendi un caffè e un dolcetto, e il risparmio è assicurato. Io ti consiglio di provare anche una caffetteria, così potrai sederti comodamente a un tavolo per sorseggiare il tuo cappuccino (o quello che ti piace) magari accompagnandolo con una fetta di torta, spendendo 5 o 6 euro.
Ah, anche qui l'acqua è gratis, nè!

Queste sono per me le migliori caffetterie giapponesi. Le troverai ovunque, in ogni città. Perfette per colazioni dolci o salate.

Attenzione che se ordini **il caffè** in Giappone ti chiedono sempre: caldo o freddo? Grande o piccolo?

1) **Doutor**

2) **Cafè Veloce**

3) **Excelsior Cafè**

4) **Pronto Cafè**

Le caffetterie **Doutor** sono un luogo popolare per gli studenti! C'è sempre silenzio e troverai un sacco di gente al computer che lavora, studia o legge... shh

DOUTOR
ドトールコーヒー

Torta, caffè americano, e passa la paura. Io ogni mattina in Giappone vario tra colazioni dolci e salate. Insomma, i tuoi gusti verranno sempre soddisfatti. Parola mia.

La **colazione** giapponese

Vai, lanciati. Puoi cogliere l'occasione per fare una colazione tradizionale: **lasciati avvolgere dall'aroma di manzo e cipolla, oppure di salmone alla griglia**, e prova la colazione con zuppa di miso, riso in bianco e il famigerato natto, i viscidi fagioli di soia fermentati. Non ti basta? Puoi aggiungere al natto un tuorlo d'uovo! Crudo, naturalmente.

Te l'ho presentata male, ma ti giuro che la colazione salata tradizionale è buonissima. Se la vuoi provare, ora ti consiglio le catene più famose dove farla. Meno di 10 euro per un set completo, e sei a posto.

1) **Yoshinoya**

2) **Sukiya**

3) **Matsuya**

Ovviamente vai di **teishoku**, il menù fisso

Scommetto quello che vuoi che se sei a Tokyo, **vicino al tuo alloggio** ci sarà almeno uno Sukiya.

すき家
SUKIYA

Catene di **ramen**

Basta colazione. Pensiamo al pranzo.

Voglia di scoppiare spendendo poco? Il prezzo di una ciotola di ramen in una catena si aggira intorno ai 1000 yen (meno di dieci euro). Le catene di ramen sono anche un'ottima opzione per chi ha poco tempo, poiché i piatti vengono serviti mega rapidamente!
Ci sono un sacco di piccole ramenerie dove mangiare ramen da urlo, ma ci sono anche ottime catene che si difendono in modo egregio. Ti elenco le mie preferitelle.

1) Ichiran, per un ramen che puoi comporti mettendo gli ingredienti a piacimento. Mi raccomando, vacci piano con la "secret sauce" che è extra piccante. Parlo per esperienza...

2) Ippudo, per un tonkotsu ramen eccezionale

3) Tenkaippin, un'ottima catena dove trovi tutti i tipi di ramen, da quello con brodo leggero a quello bello grasso.

4) Mutekiya, non è una catena, ma non posso non consigliartelo. Si trova a Ikebukuro, Tokyo.

Il logo di **Ichiran**, una catena di ramen famosissima.

Questo qui sotto è quello di **Mutekiya**, ciccione e gustoso.

Catene di **sushi**

Qui si spende un po' di più, ma ne vale la pena

Il sushi di qualità costa parecchio? Beh, in Giappone non esiste l'all you can eat... e vabbè. Se è vero che alcuni locali di sushi hanno prezzi stellari, è anche vero che ci sono catene dai prezzi super accessibili, dove la qualità è ottima. Ora, dato che mi è venuta fame, ti consiglio le mie preferite.

Ps: prima o poi sentirai parlare della catena Uobei Genki Sushi. È estremamente economica, ma fai attenzione: è un posto pensato per i turisti e il gusto del sushi è simile a quello che trovi agli all you can eat in Italia.

1) Sushi Zanmai, forse la più famosa. Qui è veramente pazzesco, ad un prezzo accessibile (tipo 2 o 3 euro a piattino). Uno dei set più cari, quello di tonno, viene una trentina di euro.

2) Kurazushi, la preferita dai giapponesi. Economica e al 1° posto nelle classifiche.

3) Kappa Sushi, un po' più difficile da trovare, ma molto buona. Ha anche il rullo (kaiten) che arriva con un simpatico trenino. Ci può stare.

4) Sushiro, anche lei una catena davvero molto buona. Classica, intramontabile. Non puoi sbaglià.

La catena **Sushi Zanmai** la riconoscerai subito perché ha sempre foto e statue del proprietario. Egocentrico e spaventoso al punto giusto.

FIDATI

Da Sushi Zanmai devi provare il menù solo di tonno che si chiama **Maguro Zanmai**. Una roba divina.

Mangiare gli **hamburger**

Il Giappone ha una ricca storia di consumo di hamburger, da quando gli americani introdussero il loro cibo nel dopoguerra (dobbiamo loro molto). Se ti viene voglia di hamburger, i giapponesi sanno come soddisfarti con le loro catene di hamburgerie. Sai che ti dico? Che non sono male. Perché non provarne una per sfizio?

1) Freshness Burger, una catena famosa per le sue patatine speciali. A dirtela tutta a me l'hamburger non è piaciuto granché, ma devi comunque farti una tua idea.

2) Mos Burger, per panini di qualità ma leggermente più cari della media.

3) Lotteria, no, qui non si gioca al lotto, ma si gustano hamburger molto molto economici.

4) McDonald's, lo so, non è giapponese, ma che fai, non la metti in classifica? Poi ha panini che noi non abbiamo, tipo McPork e McShrimp.

Sì, lo so, dalle foto sembrano sempre **più belli di quello che sono in realtà**. C'è da dire che però in Giappone ci tengono tanto a rendere i piatti più uguali possibili alle foto di presentazione.

Altre **catene**

Ti ho già detto che in Giappone ingrasserai un po'?

Non ti bastano colazioni dolci e salate, ramen, sushi e hamburger? Ti propongo altre catene per scoprire le la cucina giapponese. Come ti dicevo prima, le catene di ristoranti in Giappone vanno fortissimo per i loro prezzi convenienti pur mantenendo alta la qualità. Ora ti elenco le mie preferite, e vedrai che qui potrai provare tutti i piatti giapponesi che vorrai a un prezzo mega fattibile.
Hai fame anche tu?

1) Torikizoku, dove puoi gustarti decine di tipi di yakitori (spiedini) fatti sul momento.

2) Ten Ya, dove si mangia la tenpura, saporita e leggerissima, a un costo molto basso.

3) CoCo Ichiban Ya, per un delizioso curry rice. È una catena famosa perché puoi scegliere il grado di piccantezza (da zero a dieci).

4) Shabu Shabu Onyasai, dove tu e i tuoi compagni potrete condividere un brodo in mezzo al tavolo e intingerci carne e verdure.

IL CONSIGLIO PER RISPARMIARE!
Ristoranti a poco prezzo! Guarda bene fuori dal locale se c'è una macchinetta.
Molto spesso non si ordina al cameriere ma si fa fuori, prima di entrare nel ristorante! Questo sistema ha moltissimi vantaggi: risparmi tanto (costa tutto meno), puoi leggere il menù con calma, e per i ristoratori le macchinette possono ridurre il bisogno di personale.

Tu ordina alla macchinetta (sperando ci siano le foto se non sai leggere), prendi il bigliettino appena sfornato e dallo al cuoco!

Le macchinette per ordinare sono comuni in molti ristoranti, in particolare in quelli specializzati in ramen, okonomiyaki e yakiniku. Il loro scopo principale è semplificare il processo di ordinazione e migliorare l'efficienza del servizio. *Adovo*.

Catene per i **dolci**

Dopo tutte queste belle abbuffate, non te lo spari un bel dolcettino? Forse non ci siamo capiti, ma in Giappone (soprattutto a Tokyo) trovi qualsiasi cosa tu possa desiderare. Ti propongo alcune catene per soddisfare le tue voglie zuccherine. Certo, trovi dolci freschi e deliziosi anche al konbini, ma qui ti metto le mie catene top serie. Ma serie, eh.

1) **Beard Papa**, quando hai voglia di uno spuntino dolce al volo: qui fanno bignè freschi.

2) **Happy Pancake**, dei pancake sofficissimi, spumosi e nuvolosi. I più buoni della mia vita.

3) **Ginza Cozy Corner**, fette di torta ad ispirazione occidentale, roba di alta pasticceria.

4) **Sweet Paradise**, un all you can eat in cui potrai mangiare torte e dolci a buffet. Geniale.

5) **Pablo Cheesecake**, per gustare delle cheesecake eccezionali. Una roba folle.

ATTENZIONE
Questi bigné creano dipendenza. Non fare come il mio amico Alessandro che se ne mangia 4 al giorno senza ritegno.

Beard Papa fa dei **bignè** davvero buoni: te li farciscono al momento, ma sono freddi, non caldi, quindi non rimanerci male.

I **pancake** di Happy Pancake sono veramente fluffy, che finché non li assaggi non ci credi. E te li preparano con la cucina a vista!

Le pagine **TOP SECRET**

Cibo italiano in Giappone ne abbiamo? Uhm, questa sezione non dovrebbe esistere, lo so. Già mi immagino orde di gente con forche e forconi, pronta a impalarmi vivo dicendo *"in Giappone si mangia giapponese non italiano"*. Ma io me ne frego e le fo' lo stesso.

Se non ne vuoi sapere nulla, passa oltre e fai finta che queste pagine non siano mai esistite. Anzi, strappale così elimini anche le prove.

CIBO ITALIANO IN GIAPPONE
Se dopo giorni di ramen e sushi non ce la fai più a resistere e ti viene voglia di una pasta o una pizza, te lo dico subito: in Giappone ci sono ristoranti italiani di tutto rispetto.

Non ti vergognare: non c'è nulla di male a voler mangiare una volta (una sola, mi raccomando) italiano nel tuo viaggio! È molto divertente e istruttivo scoprire come i giapponesi adattano i nostri piatti ai loro gusti. Chi ti critica non ti merita. Era così il detto...?

Come vedi, la stragrande maggioranza delle volte i menù hanno **le foto dei piatti e i prezzi scritti belli in grande**. Poi fuori da molti ristoranti ci sono i piatti di cera che riproducono fedelmente il menù. Insomma, anche se non sai leggere il giapponese, potrai sempre arrangiarti!

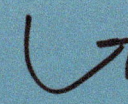

TOP SECRET

Ristoranti **italiani** a **Tokyo** in caso di astinenza

Sei in Giappone da un po' di giorni e hai nostalgia di casa? Mo' ci penso io, però non dirlo a nessuno. La cucina italiana è molto popolare in Giappone, e Tokyo è una città dove è possibile trovare una vasta gamma di opzioni per soddisfare i gusti degli amanti della cucina italiana. Ecco i miei posti preferiti.

BELLA NAPOLI
A Tokyo, nel quartiere di Morishita, troverai un simpatico giapponese che gestisce la sua pizzeria e parla pure italiano. Psst, ha studiato l'arte della pizza a Napoli, uagliò.

GELATERIA ACQUOLINA
Può forse mancare un bel gelato? Lo trovi, sempre a Tokyo, in questa gelateria gestita da un giapponese che ha studiato l'arte del gelato in Italia, e che ci mette davvero passione. Si trova nel quartiere Meguro. Cerca un po'.

SAIZERIYA

Immagina la McDonald's dei piatti italiani: te la sei figurata? Ecco Saizeriya. Non ha nulla a che vedere con i due locali che ti ho detto prima, che sono di qualità e costano un bel po'.

No, Saizeriya è una catena di piatti italiani in cui trovi il giusto compromesso tra qualità e risparmio. Ti puoi mangiare una pizza o un piatto di pasta a tipo 4 euro. Non male. E in più ogni tanto ci sono piatti speciali regionali, come il frico friulano o gli arrosticini abruzzesi.

Fuori piove o fa freddo? Ti do io la soluzione.

I **depachika**

Depachika significa letteralmente "centro commerciale sotto terra", ed è proprio ciò che sono i depachika: tu scendi delle normali scalette per andare in metropolitana e invece ti ritrovi in centri commerciali abnormi, infiniti, con prodotti di tutti i generi e soprattutto tanto, tanto cibo.

I miei depachika preferiti per mangiare sono il Food Show a Shibuya e il Tobu a Ikebukuro.

IL CONSIGLIO PER RISPARMIARE!
I depachika costano un bel po', ma quando entri in una stazione ti consiglio di cercarli, farci un giro e provare qualcosa. ***Sfrutta gli assaggi gratuiti!*** *Alcuni viaggiatori campano di assaggini. L'arte dello scroccare. Oltre a molti piatti freschi trovi anche confezioni di dolcetti o cose tipiche che potrai portarti a casa come souvenir per amici e parenti. Sai che figurone? Danne un po' a zia e a nonna.*

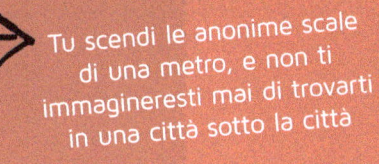

Tu scendi le anonime scale di una metro, e non ti immagineresti mai di trovarti in una città sotto la città

FARE SHOPPING
Dove, quando e come comprare cose

買い物する

"Vai con lo shopping!"

Rebecca Ahn

Negozi

Hai mangiato? Bene? Allora si fa un po' di shopping. In Giappone sei nel *paradiso* del consumismo: ovunque c'è qualcosa che vorresti comprare e non finisci mai di sorprenderti per la quantità di roba che viene esposta in ogni angolo.

A un certo punto dovrai darti un freno per non finire come me in uno dei miei ultimi viaggi (ho sfondato la valigia da quanto pesava...)

Sembra un negozio, invece era il tavolo di casa mia. Compravamo una cosina a un euro lì, un'altra cosina a un euro là e alla fine ci siamo ritrovati così. Lo so, siamo squilibrati.

Per i migliori **souvenir**

TOKYU HANDS

È una catena di negozi strutturata su più piani, ognuno tematico: c'è il piano cartoleria, quello giocattoli, quello viaggi, quello cucina. La qualità degli oggetti è molto alta e *Made in Japan*. Te lo dico, qui la roba costa parecchio, ma Tokyu Hands rimane un ottimo luogo per fare souvenir indimenticabili.

Consideralo un gigantesco **bazar** con di tutto. È abbastanza economico.

DON QUIJOTE

Questa catena è famosa in tutto il mondo e ha persino un suo jingle che senti fino alla nausea quando entri. Il suo punto di forza è la quantità assurda di roba che si può trovare al suo interno: dal cibo ai prodotti di bellezza, dai vestiti ai giocattoli, dall'elettronica ad accessori di tutti i tipi... c'è veramente di tutto. Anche il suo stile è super riconoscibile: cartelli mega colorati scritti a mano, musichette sparate a palla, merce dappertutto e una mascotte kawaii.

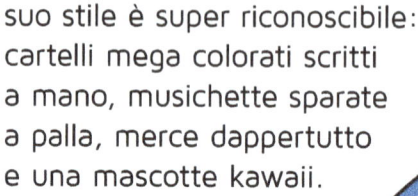

Qui trovi gli stessi prodotti degli altri negozi, ma a **1 euro**! Non farmi domande.

DAISO

Qui costa tutto 1 euro. Nonostante ciò, questo è il luogo dove di solito si spende di più! Perché? Beh, perché questa catena vende tutto a 100 yen (tipo 1 euro). Il problema è che ci sono così tante cose, tutte bellissime, buone, utili e strane, che inizierai a ficcare tutto quello che vedi nella cesta. Sì, poi una volta alla cassa vedi il totale salire... e salire ancora... Ti divertirai.
I sacchetti pieni mettili nei coin locker, eh!

Loft è perfetta per trovare souvenir di mega qualità. Shh, che le altre catene si offendono.

LOFT

Loft è molto simile a Tokyu Hands, è molto popolare e si trova facilmente in tutte le grandi città. Anche da Loft ogni piano è tematico e la qualità degli oggetti è di altissima qualità. E anche qui, come da Tokyu Hands, la roba non cosa poco, te 'o dico. Prenditi almeno un'oretta di tempo, perché per girarne bene uno intero e vedere tutto ci vuole un po'! A dirtela tutta a me Loft non piace granché perché è un po' troppo "serio".

Abbigliamento

UNIQLO
Sì, si legge *uniculo*. Con una sede anche a Milano, questa catena famosissima in tutto il mondo vende capi d'abbigliamento dai prezzi contenuti, di ottima fattura e alla moda. La chicca è che in ogni negozio UNIQLO c'è sempre il reparto otaku, pieno di magliette a tema anime e videogame.

GU

Nome breve e conciso. Anche Gu è una catena di abbigliamento di qualità, dai prezzi contenuti. Mega famosi i suoi jeans a meno di 10 euro (roba bella, non patacche).

Pensa che **Gu** è stata fondata dalla società madre di Uniqlo!

ABC MART

Questo è il regno delle calzature: ne trovi di ogni tipo e di tutte le marche, anche estere. Insomma, se hai bisogno di scarpe vai da ABC Mart (dovrebbero darmi la percentuale).

ABC Mart ha anche una fortissima presenza online, oltre che 2000 punti vendita in Giappone

TUTTE LE CATENE ESTERE
Queste catene sono sicuro che esaudiranno tutti i tuoi desideri di shopping. Però forse hai voglia di sentirti a casa ogni tanto? Oltre a queste catene troverai anche quelle che ci sono in Europa: H&M, Zara, Bershka o JeansPeppino (esiste anche dalle tue parti, no?)

Se hai tempo vale la pena farci un salto, perché troverai abbigliamento diverso da quello che troveresti in Italia o in Europa.

IL CONSIGLIO PER RISPARMIARE!
Ti dico come risparmiare parecchio. Cerca il simbolo **Tax-Free***: nei negozi hai la possibilità di evitare di pagare l'IVA giapponese! Per avere questa esenzione basterà mostrare al commesso il tuo passaporto e riceverai subito lo sconto, oppure un rimborso dopo l'acquisto.*

Manga, action figure e gadget **otaku**

ANIMATE
Il paradiso di manga, action figure e gadget a tema otaku di ogni tipo. Ci sono tantissimi Animate, e ognuno è strutturato in piani tematici: al piano terra trovi le ultimissime novità, e man mano che sali troverai il piano cosplay, il piano gadget,
il piano figures, e altri...

*Il vero risparmio si ha da **Book Off**. Segna.*

BOOK OFF

Il mio preferito: Book Off è una catena dell'usato, ma attenzione perché usato in Giappone significa *tenuto pari al nuovo*.

Ci trovi manga, figures, libri, riviste, videogame e console, tutto a prezzi super convenienti! Si parla di volumi venduti anche a meno di un euro... Da Book Off ci ho veramente fatto affari d'oro.

C'è tutto. Non **manga** proprio niente.

MANDARAKE

Anche Mandarake è una catena dell'usato, ma a differenza di Book Off questa si occupa principalmente di manga (ma non solo). Se cerchi collezioni complete o qualche variante speciale, vieni qui! Pensa che ad Akihabara, il quartiere otaku di Tokyo, c'è un Mandarake di 9 piani (folle).

Elettronica e **High Tech**

YODOBASHI CAMERA
Il regno indiscusso della tecnologia: qui puoi trovare ogni gadget tecnologico esistente (anche i washlet). Che te lo dico a fare, anche da Yodobashi Camera i piani sono strutturati a tema, e ti ci perderai dentro. Pensa che la sede di Akihabara è il negozio di elettronica più grande del mondo...

Solita roba **tecnologica**. In Giappone non è che si risparmi granché...

BIC CAMERA

Avrai capito che ai giapponesi piace la parola "camera". Chettedevodì. Anche Bic Camera è una catena di tecnologia ed elettronica, ma forse ha punti vendita un po' più piccoli e un po' più economici rispetto a Yodobashi.

Anche qui troverai prodotti high tech, ma con un occhio di riguardo agli amanti della fotografia, visto che sono mega specializzati in obiettivi, fotocamere e cavalletti. Forse hanno anche gli hamburger, se chiedi.

IL CONSIGLIO PER RISPARMIARE!

Ricapitoliamo tutti i punti salienti per risparmiare durante il tuo shopping in Giappone.

***1) cerca i negozi a 100 yen** (come Daiso). So che non mi credi, ma lì vendono gli stessi <u>identici</u> prodotti che negli altri negozi pagheresti molto di più.*

***2) fatti scalare l'IVA** mostrando il passaporto al commesso.*

***3) punta all'usato.** Ricordati che in Giappone le cose di seconda mano sono pari al nuovo. Perfette.*

***4) evita di fare acquisti nei quartieri troppo turistici** e pieni di gente (lì i prezzi sono leggermente gonfiati).*

***5) quando torni in Italia, ricordati di mettere nel bagaglio da stiva tutti i liquidi** che hai comprato, altrimenti te li faranno buttare e avrai perso un sacco di soldi!*

I konbini

*Il nome deriva dalla contrazione di **Convini**ence Store. Non gli è uscita benissimo.*

Eccoci ai konbini, la vera droga, la salvezza di ogni turista sperduto, gioia pura per tutti gli affamati e gli assetati.

I konbini sono minimarket aperti 24 ore, che vendono articoli di prima necessità e pasti pronti, caldi o freddi, snack, bevande, prodotti per l'igiene personale, accessori da cartoleria, riviste, tabacchi: trovi tutto.

*Nei konbini trovi anche i **Bento**, delle pratiche scatolette piene di cibo delizioso per fare un bel pranzo al sacco.*

IL CONSIGLIO PER RISPARMIARE!
*Di solito verso le otto di sera potrai trovare molti **prodotti freschi in sconto** (anche a più del 50%)! In Giappone si sta attenti alla freschezza, e tu devi sfruttare questa cosa. Sai quante volte ho fatto a gara con i giapponesi per acaparrarmi il miglior sushi in sconto?*

Ma non solo cibo! I konbini offrono un sacco di servizi, come l'ATM (cioè il bancomat), spedizione o ritiro valigie e pacchi, fotocopie, e hanno sempre il WIFI gratuito. Ti giuro, li adorerai alla follia, e ci spenderai poco.

Ma dove sono 'sti konbini? Pff, fidati di me, troverai sempre uno quando ne avrai bisogno. Sempre. Ce ne sono più di 56.000 in Giappone: in pratica nelle grandi città ce n'è uno a ogni angolo. Nella prossima pagina ti elenco le migliori catene di konbini!

Seven Eleven è una catena di konbini diventata famosissima per i suoi piatti pronti, come onigiri, bento o sandwich. È il posto per la merenda.

FamilyMart probabilmente è la mia catena preferita. Già solo sentire il jingle quando entri, me fa impazzì.

Ministop ha dei konbini super carini. Ci andavo spesso perché avevano organizzato una lotteria di One Piece...

Sunkus ha dei konbini più piccoli degli altri. Io non ci vado spesso, non sono riuscito ad affezionarmici ('sto logo mi fa angoscia)

Lawson è spesso associata a Doraemon, perché fanno collaborazioni. Troverai anche i Lawson 100, dove tutto costa 100 yen!

Daily è la catena di konbini dove si risparmia di più! È come l'Eurospin dei konbini. Ci vendono solo cose di marchi economici.

FESTE ED EVENTI

Scopri le feste più belle del Giappone

"Nel contemplare i fiori di ciliegio sbocciati, impariamo l'arte dell'apprezzamento silenzioso e della gratitudine per la fuggevole bellezza della vita"

Matsuo Bashō

Lanterne, kimono estivi, ventagli... sono i **matsuri**! Molti di questi festival sono legati a eventi agricoli, religiosi o stagionali. Sono un'occasione per celebrare la cultura e la comunità (sono un poeta).

Hai presente quando negli anime sono vestiti in kimono e fanno la pesca del pesce rosso o mangiano la mela caramellata? Quelli sono i **matsuri**

E adesso ci si diverte.
Ma responsabilmente.

Tra i **matsuri** estivi e i **festival** annuali

In Giappone durante l'anno ci sono molte feste dedicate alle più svariate occasioni, ma è d'estate che il Sol Levante dà il suo meglio, quando inizia la stagione dei famosi matsuri!

Cosa sono i matsuri? Sono tipo le nostre sagre della salsiccia. È meglio chiamarli festival? Può essere. Sta di fatto che sono mega divertenti, e ci devi andare. Lo dice il medico.

I **matsuri** sono super belli perché sono tutti vestiti con gli abiti tradizionali, ci sono i carri, ci sono le bancarelle con lo street-food, musica, giochi, fuochi d'artificio... E si balla, si canta e si suona il taiko, 'sto mega tamburone qui:

Eventi importanti?

Ma aspè, quanti matsuri ci sono all'anno? Tanti, troppi, ovunque, soprattutto d'estate. Sì, ai giapponesi piace fare baldoria. Una roba tipo 300 mila. Una follia. Li adoro per questo.
Però il divertimento giapponese non lo troverai solo nei matsuri, ma anche in altri eventi famosissimi che si svolgono durante tutto l'anno. Ora ti elenco i più belli, che attirano ogni anno milioni di turisti da tutto il mondo.

HANAMI, VERSO FINE MARZO

Cos'è lo Hanami? Mo' ti dico: letteralmente Hanami significa *guardare i fiori*, ed è forse l'evento giapponese più famoso e amato. Ogni anno gli alberi di sakura (i ciliegi) iniziano a fiorire e tingono il Giappone di un meraviglioso colore rosa pastello. Embè? Che si fa? Ci si mette lì, tipo pic-nic, e si guardano questi alberi tutti fioriti. Il bello è che dopo neanche una settimana questi petali cadono, ed è questo che rende lo Hanami così atteso (è tutto così breve ma intenso, come me quando mangio).

Quindi lo **Hanami** va celebrato, ricordandosi di applicare questo concetto a tutti gli aspetti della vita. Sapete come si celebra 'sta roba? Bevendo. Questi hanno capito tutto.

Lo **Hanami** per i giapponesi è un evento quasi sacro: per loro significa ammirare quel breve momento di estrema bellezza, con la consapevolezza che presto svanirà (ripeto, sono un poeta).

GOLDEN WEEK, DAL 29 APRILE

La settimana d'oro, e già il nome è tutto un programma: la Golden Week è molto intensa in Giappone, perché ci sono tanti eventi nazionali che si susseguono. Alcuni esempi? No, non te li faccio. Va bene, te li faccio. Abbiamo il giorno della costituzione (3 maggio), il giorno dei bambini (5 maggio) e la festa del verde (29 aprile).
PS: in quest'ultima, parchi e zoo sono aperti aggratis! Segna, segna.

IL CONSIGLIO PER RISPARMIARE!
Se vai in Giappone nella Golden Week, preparati al delirio. C'è il pienone dappertutto, ci sono code ovunque e costa tutto il triplo. E quindi tu ti starai chiedendo "come faccio a risparmiare?" Te lo dico io: **evita come la peste questo periodo.** *Non solo ti stresserai molto meno, ma anche il tuo portafoglio ti ringrazierà.*

Pensa che la **Golden week** è anche un periodo super popolare per i matrimoni... Perché? Perché è in questo periodo che il vero amore... No, perché sono tutti liberi dagli impegni lavorativi.

Premesso che io <u>non</u> ti consiglio di andare in Giappone durante la **Golden week**. Molti giapponesi ne approfittano per viaggiare, e si creano ingorghi e mega affollamenti nei musei e nei luoghi turistici.

TANABATA, IL 7 LUGLIO

Il Tanabata è la festa delle stelle, ma in realtà ha un'origine romantica. Prepara i fazzoletti, che ti racconto la storia.

Si narra che la Principessa Ori-hime si sposò con il pastore Hiko-boshi, andando subito d'amore e d'accordo, così tanto che si dimenticarono di compiere i loro doveri (rispettivamente, tessere le vesti agli dei e far pascolare i sacri buoi). Ognuno ha i suoi compiti nella vita, non giudichiamoli.

⭐ ⭐ ⭐

Questa negligenza mandò su tutte le furie i piani alti, così tanto che l'imperatore Tentei (il padre di Orihime) li punì mettendo tra di loro il Fiume Celeste, cioè la Via Lattea.

La principessa non smetteva di piangere e così il padre, commosso, consentì che i due innamorati potessero ritrovarsi per una sola volta l'anno, ovvero il 7 luglio.

La notte del 7 luglio vedrai i giapponesi col naso all'insù, sperando di poter scorgere i due innamorati riuniti. FINE. GRAZIE A TUTTI.

Durante il **Tanabata**, le persone scrivono i loro desideri su strisce di carta che poi appendono ai bambù.

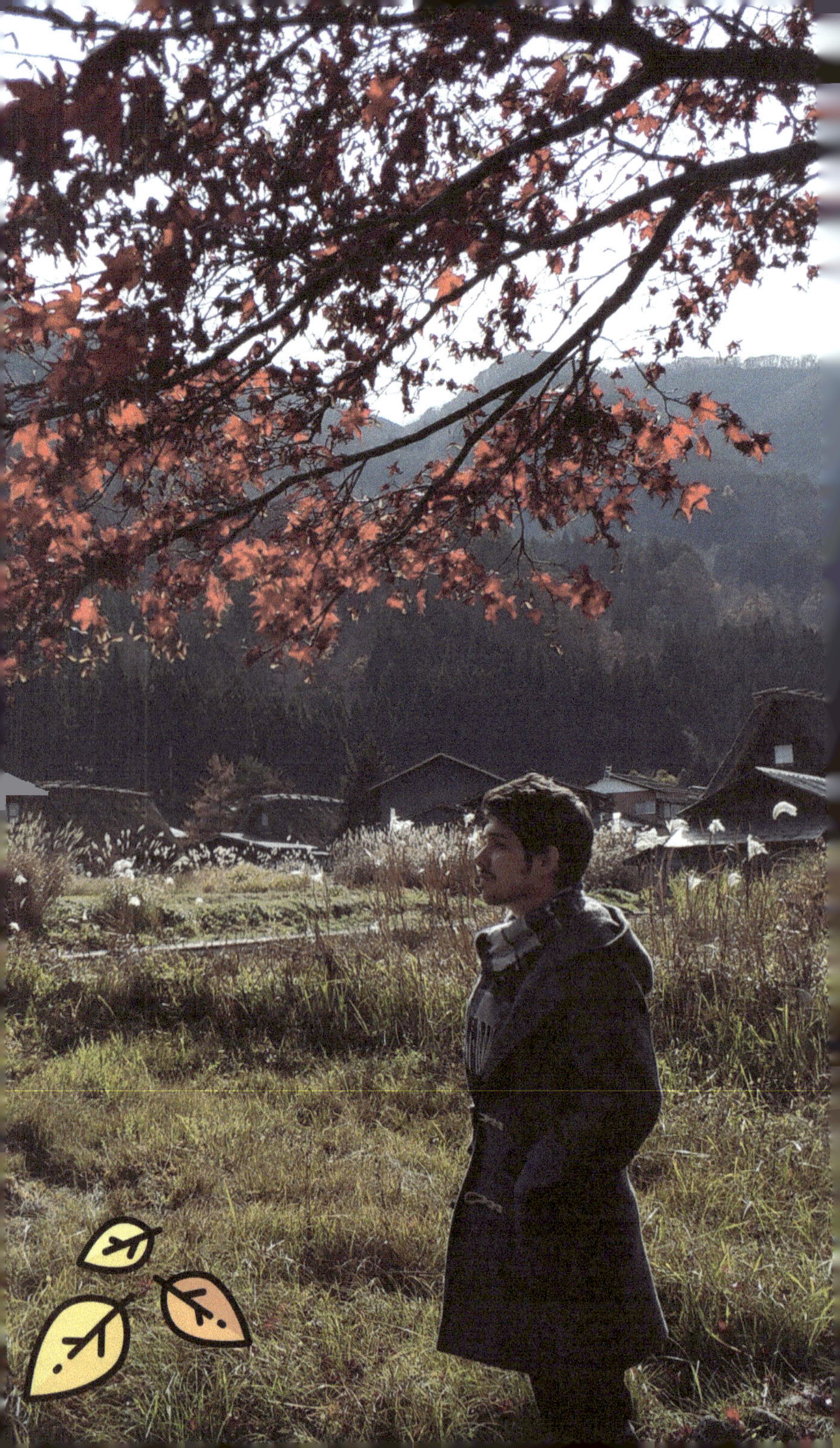

> Per godertelo vai al **Parco Nazionale di Nikko** (un paio d'ore da Tokyo).

MOMIJI, DA INIZIO NOVEMBRE

In pratica è la versione autunnale dello Hanami, ugualmente amato dai giapponesi, ma un po' meno conosciuto all'estero. Psst, io preferisco il Momiji mille volte! Se in primavera si celebra la fioritura dei ciliegi, invece con il Momiji si ammirano i colori dell'autunno: le foglie degli aceri giapponesi diventano rosse e le foglioline dei ginko si tingono di giallo.

BUNKA NO HI, IL 3 NOVEMBRE

Nel Giorno della Cultura si celebra l'arte e la *cultura* in ogni sua forma (sì, il nome lo suggeriva). Vengono organizzati un sacco di spettacoli ed eventi su tutto il territorio. Tienilo a mente se sarai in Giappone verso il 3 novembre, perché la maggior parte dei musei avrà l'entrata gratuita! Ovviamente preparati a fare un bel po' di fila, ma se è gratis è gratis, e fancù.

CAPODANNO, DAL 31 DICEMBRE

Il capodanno in Giappone è un evento molto sentito per ragioni buddiste: nella notte del 31 dicembre vengono suonate le campane 108 volte (mannaggia, fatemidormì) per purificare il mondo. Il giorno dopo si va a far visita al tempio e pregare all'altare. Spè, che non è finita. Poi c'è tutta la settimana a partire dal primo gennaio: qui si fa vacanza e si vanno a trovare i parenti che vivono lontani. I negozi sono tutti chiusi.

Prima dell'arrivo del nuovo anno, molti giapponesi fanno le **"pulizie di fine anno"**. Noi abbiamo quelle di primavera, loro queste. Si mette bene in ordine la casa per accogliere l'anno nuovo in un ambiente pulito.

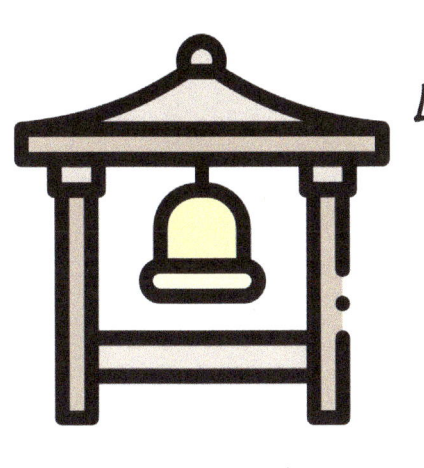

Hai presente che noi ci mandiamo i biglietti di buon Natale? Tutti colorati e arzigogolati? Ecco, i giapponesi fanno la stessa cosa, ma a capodanno, **con le cartoline per gli auguri di nuovo anno**.

A capodanno c'è anche il discorso annuale dell'Imperatore. Però attenzione: andarci significa stare **schiacciati in mezzo a migliaia di persone** in attesa del discorso...

MINI GUIDA DI TOKYO

Ecco perché è una citta incredibile

*"Beh è una specie...
una specie di giungla fatta dall'uomo"*

Figlio di Godzilla

La capitale del **Giappone**

Tokyo, la mia città preferita, nel mondo. È una metropoli che non dorme mai ed è vibrante e tecnologica, ma che non manca di regalare scorci di pace (immagina trovare tempietti silenziosi in mezzo ai grattacieli).

Ti consiglio di prenderti almeno una settimana per visitare Tokyo: è una città in costante trasformazione, e nascono nuovi grattacieli, chiudono negozi e ne aprono di nuovi di continuo! Sempre una sorpresa insomma!

Tokyo è un paradiso per i turisti. Perfetta

Come New York per gli USA, si può dire che Tokyo sia *un'altra cosa* **rispetto al resto del Giappone.** È come un micro-mondo con milioni di abitanti, ma mantiene comunque i capisaldi giapponesi: pulizia, gentilezza, efficienza e sicurezza. E un po' di sana follia.

NIENTE PAURA!
Nonostante faccia paura immaginare di doversi districare in una metropoli enorme, ti assicuro che ambientarsi è super facile: il sistema dei trasporti è uno dei più efficienti al mondo, e con la metro puoi raggiungere qualsiasi punto con estrema facilità.

Sei una persona che cammina, come me?
Andare a piedi per Tokyo è molto rilassante e permette di ammirare scorci della capitale unici, che ti faranno innamorare.

IL CONSIGLIO PER RISPARMIARE!
*Prendi la metro solo se devi fare grandi distanze: se la tua meta è a uno o due chilometri, **fidati e vai a piedi**. Tokyo è una città bellissima in cui camminare. Sentire i suoni e i profumi di quella città è un qualcosa di indescrivibile (ho ancora i brividi adesso). È bello già solo vedere i giapponesi nella loro quotidianità mentre camminano. Quindi credimi e vai a piedi il più possibile!*

DIVISA PER QUARTIERI TEMATICI

Perché amo Tokyo alla follia? Perché questa metropoli ha la particolarità di avere quartieri molto distinti gli uni dagli altri. Anni fa ognuno di essi era autonomo e indipendente (delle vere e proprie città), ma poi tutti si sono uniti per formare la Tokyo di oggi!

Ci sono quartieri dedicati all'elettronica, altri concentrati sui templi, altri quartieri più dedicati alla finanza, altri ai giovani... non la finiamo più. Capisci perché è una città che sta proprio su un altro livello?

Il succo della questione è: qualunque cosa sia di tuo gusto o interesse, al 99% a Tokyo la troverai. Non sto scherzando. È una città che offre di tutto, qualsiasi cosa desideri. Altro che templi e basta, a Tokyo c'è tutto.

Ti piace la cucina **finlandese**?
A Tokyo trovi anche quella.

Controlla su Google Maps come arrivarci dal tuo hotel: ti dirà la linea giusta

I quartieri **principali**

SHINJUKU

Un quartiere pazzesco. Possiamo forse definirlo il *centro* di Tokyo, ed è così grande che lo dividiamo in due (senza fargli male).

Shinjuku est: è la parte seria, quella degli uffici. La figata è che qui c'è il Palazzo del Comune (simile a Notre Dame di Parigi) che ha due torri visitabili gratis! Segna segna, perché c'è una vista pazzesca da lassù.

Shinjuku ovest: la parte multiculturale, un concentrato di luci, negozi, localini e street food. C'è anche un grande parco (Shinjuku Gyoen) in cui passeggiare, rilassarsi, prendere il sole o ammirare le carpe nei laghetti. Occhio che costa 2 o 3 euro.

La parte **est** è quella con i mega grattacieli! In cima a uno c'è pure Godzilla...

Per un sabato sera di follia. Se non sei tipo da queste cose, vacci di giorno

SHIBUYA

Hai presente il casino, ma proprio quello totale? Ecco, forse quello è Shibuya, il quartiere dei giovani che si ritrovano qui per girare tra negozi alla moda e locali.

Il posto più famoso di Shibuya è l'incrocio fuori dalla stazione, uno dei più grandi e trafficati al mondo. Al sabato sera ad ogni semaforo verde attraversano migliaia e migliaia di persone in una volta... un delirio. Però sappi che il casino dei giapponesi è comunque "contenuto".

Il simbolo di Shibuya è la statua del cane Hachiko. Hai presente? Il cagnolino che ha aspettato il suo padrone fino a morire? Ecco, è successo veramente, qui a Shibuya. La statua si usa per darsi appuntamento, della serie *"ci vediamo da Hachiko alle otto"*.

Wan wan

*Il sabato sera a **Shibuya** c'è il delirio (te l'ho già detto che è il quartiere dei casinari?) Beh, la mattina dopo troverai tutto lindo e pulito.*

Secondo me Asakusa è un po' turistica, non veramente vecchia

ASAKUSA

Te l'ho detto, Tokyo offre qualsiasi cosa tu cerchi. Hai voglia di templi ed edifici antichi? C'è Asakusa, un quartiere rimasto più o meno come ai vecchi tempi: solo case basse.

È qui che si trova il Senso-ji, uno dei templi buddisti più grandi di Tokyo. Lo puoi visitare dopo aver percorso Nakamise-dori, una deliziosa stradina piena di negozietti di souvenir. Ad Asakusa troverai anche qualche ragazzo che ti propone di fare un giro in risciò. Costa una fucilata (più di 100 euri).

Asakusa è super pedonale e super al coperto. Quando piove a dirotto ti ripari sotto i "portici" e sei a posto.

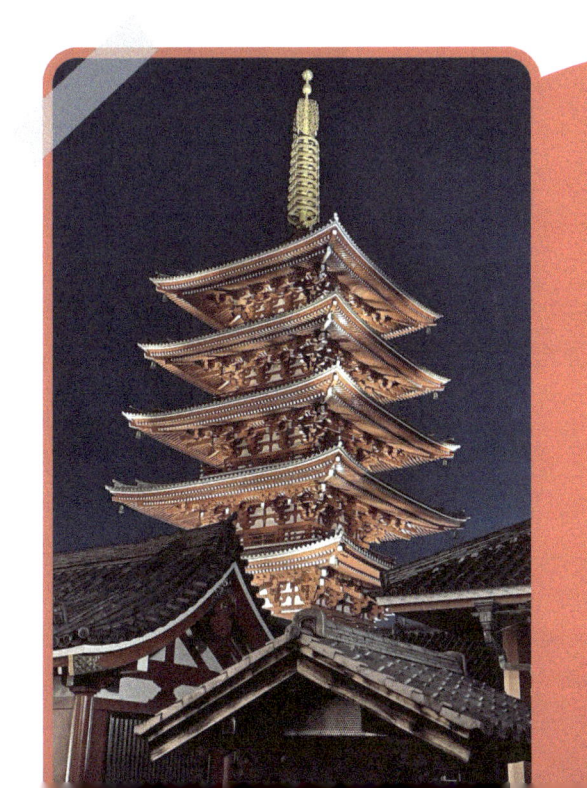

La Tokyo un pochino più in periferia. Ne vale la pena

⚠️ SUMIDA

CARO A fianco ad Asakusa, al di là del fiume, c'è il quartiere Sumida. Cosa c'è di bello ? A parte il fascino di passeggiare sul lungofiume, c'è anche una bella sorpresa: la Tokyo Sky Tree.

E che cos'è? Spè che ti dico. La Tokyo Sky Tree è ad oggi la torre per le comunicazioni più alta del mondo. Il biglietto per salire in cima costa un po' (una ventina di euro), ma da lassù puoi goderti un panorama davvero mozzafiato. Se vuoi risparmiare sali solo sul secondo osservatorio (Tenbo Galleria)! Costa meno di 10 euro!

È alta più di 630 metri (una roba folle) e infatti in qualunque punto di Tokyo sarai, riuscirai a vederla. Psst, di notte si illumina!

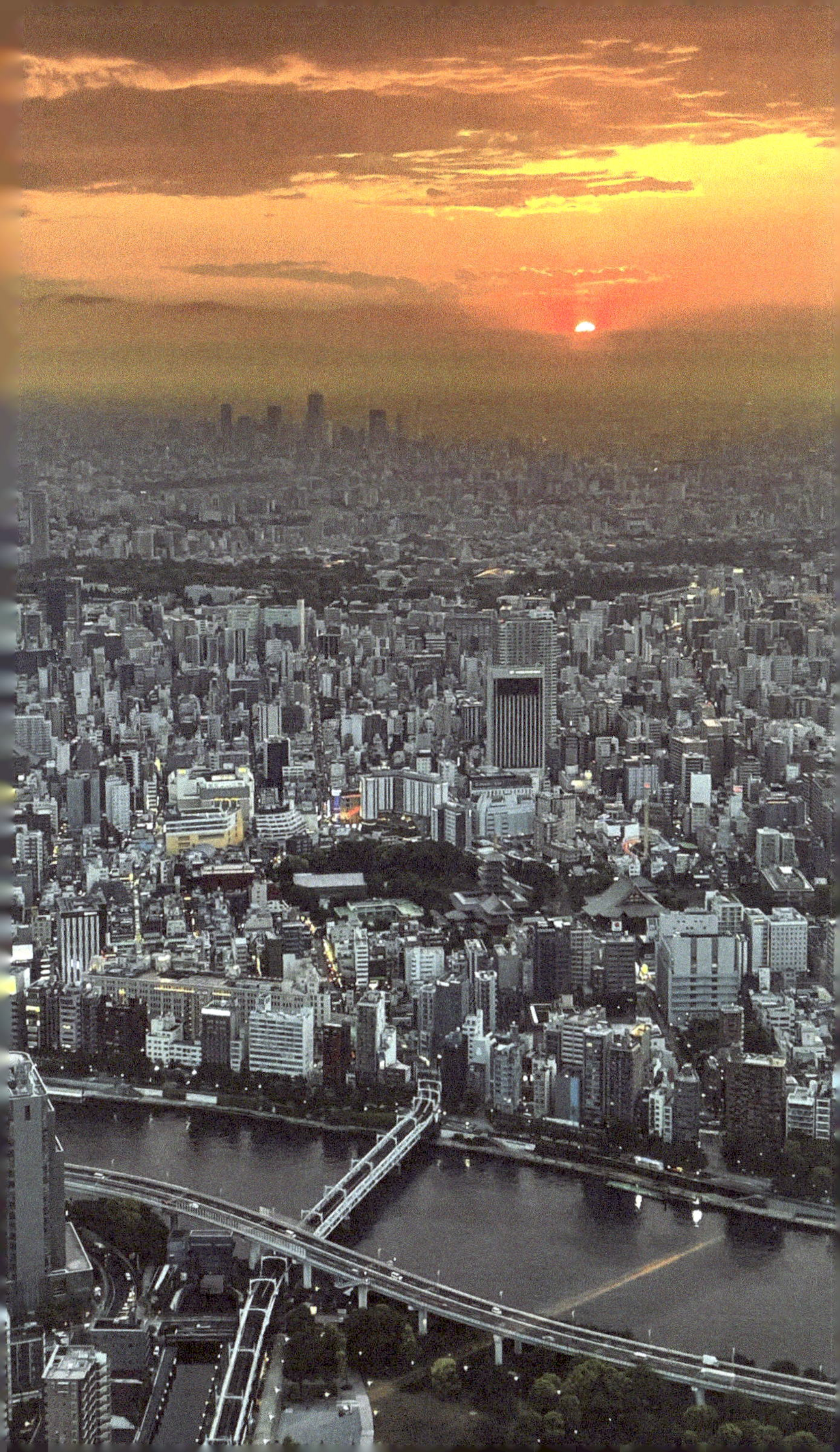

Se ti piacciono anime, manga e videogiochi, questo è il tuo quartiere

AKIHABARA

La mecca degli otaku: un quartiere in cui perderti per andare a caccia di figure, manga, videogame e tutto quello che si può desiderare. Viene chiamata anche Electric Town, tanto per farti capire.

Oltre a interi palazzi dedicati a prodotti otaku (parliamo di edifici anche di sei o sette piani, nè), qui ci sono i Maid Café, delle caffetterie con le cameriere vestite da manga. Grottesco, ma va provato almeno una volta nella vita!

Sarò sincero, a me **Akihabara** non piace molto, la trovo incasinata e "torbida", ma capisco chi ne è affascinato. Sigle di anime sparate a palla, prodotti otaku super rari (anche usati) a un ottimo prezzo. Ci sta, ci sta.

Se ti piace la cultura otaku, devi segnarti anche Ikebukuro: un'Akihabara più soft.

IKEBUKURO

Negli anni si è conquistato la nomea di "simile ad Akihabara". Qui c'è il Sunshine 60, un centro commerciale megagalattico che da solo contiene il Pokémon Center e il negozio di gachapon più grandi del Giappone, un acquario, un parco a tema anime, negozi per otaku e ristoranti... Boh.

Ikebukuro offre tante altre chicche, come l'Evangelion Store e un sacco di Café a tema anime. Però mi racco, vai nella parte est, perché Ikebukuro ovest è una noia.

GUARDA IN SU!

Tokyo è costruita in altezza! I grattacieli offrono qualcosa in ogni piano, quindi non guardare solo il piano terra! Perché rischi di perderti centinaia di negozi e ristoranti! Se per esempio c'è scritto **KARAOKE 4F**, significa che al quarto piano (4F) c'è un karaoke. Ricorda che 1F corrisponde al nostro piano terra (quindi 2F sarebbe il nostro primo piano). <u>Quelli con la B sono i piani interrati!</u>

Ti prendi degli onigiri dal konbini e te li mangi nel **parco di Ueno**. Relax a basso costo.

Il simbolo di Ueno è il panda!

UENO
Allora, guarda, io te lo dico. Per anni ho preso l'hotel sempre qui, ed è diventato il mio quartiere preferito. Il plus di Ueno è il suo bellissimo parco, una roba mondiale, gigantesca, con ben 3 laghetti, uno Zoo, due musei e tanti templi... Senza contare che lì in primavera fioriscono centinaia di ciliegi!

A Ueno vedrai dei senzatetto, ogni tanto. Dignitosissimi, innocui e tranquillissimi. Non provare a dargli l'elemosina, perché non la accettano manco sotto tortura.

Takeshita Dori = la via della moda giovane.
Omotesando = la via della moda firmatissima.

HARAJUKU

È un quartiere diviso in due. Abbiamo la parte modaiola, Takeshita Dori (una stretta via super piena di negozi folli, roba da giovani frizzanti) affiancata a Omotesando, sempre una via alla moda, ma quella costosa. Le grandi marche, inzomma. Roba che costa.

Dall'altra parte di Harajuku c'è il tempio scintoista più importante di Tokyo, il Meiji Jingu! È immerso nel parco Yoyogi, uno dei più belli e grandi della capitale.

Nel **Parco Yoyogi** vacci la domenica! C'è gente che suona, ed è super rilassante.

E DALL'AEROPORTO AL CENTRO?
A Tokyo ci sono ben due aeroporti. Quello lontano è Narita e quello vicino è Haneda.

Se atterri a Narita
Ci vuole un'oretta. Il metodo più veloce è il Keisei Skyliner, ma è un po' caro. Puoi usare la JR Sobu Line per risparmiare di brutto, oppure se attivi il JR Pass appena atterri puoi anche prendere il JR Narita Express aggratis.

Se atterri ad Haneda
Prendi la Tokyo Monorail! Solo 15 minuti.

Tutte a meno di due ore di treno da Tokyo. Usa la Suica Card, non fare i biglietti

Gite fuori porta **da Tokyo** in giornata

Se vuoi staccare dalla metropoli per una giornata, ci sono delle belle gite che puoi organizzare partendo la mattina e rientrando la sera. Ti propongo le mie prefe.

1) YOKOHAMA. La seconda città più popolosa. Qui c'è la più grande China Town del paese, e pure due musei del ramen!

2) KAMAKURA ED ENOSHIMA. Due graziose cittadine marittime. A Kamakura trovi il Grande Buddha, e a Enoshima ti puoi fare una passeggiata sulla spiaggia.

3) NIKKO. Ehi, è patrimonio dell'UNESCO. Nikko è un paesino tra le montagne ed è pieno di templi dall'atmosfera suggestiva.

4) MONTE TAKAO. È alto 600 metri e la cima è raggiungibile a piedi (o in funivia, nun te preoccupà). Da lassù nelle giornate terse si può vedere il Monte Fuji!

Inquadra il QR code per
vedere il video della nostra
avventura sul Monte Fuji!

GUIDA ALLA SCALATA DEL MONTE FUJI

*"Chi scala una volta il Monte Fuji
è una persona saggia,
chi lo scala due volte è un folle"*

Antico proverbio giapponese

La montagna **più alta** del Giappone

Con i suoi 3776 metri, il Monte Fuji è il vulcano più alto del paese, il tetto del Giappone. Lo vuoi scalare? Mo' ti aiuto io. Arrivare lassù e vedere l'alba è un'esperienza unica e meravigliosa! Ti svelo tutti i trucchi, se vuoi intraprendere anche tu quest'avventura. Vuoi?

É DIFFICILE?
No, non è difficile. Pensa che lo fanno anche anziani e bambini. Basta solo avere una preparazione adeguata e una certa resistenza fisica, ma nulla di ché. Qualche settimana prima, fatti un po' di trekking ad alta quota.

QUANDO?
La stagione per la scalata al Monte Fuji apre a fine giugno e termina a inizio settembre. C'è gente che lo fa d'inverno, ma i rifugi sono chiusi, eh! Sono dei pazzerelli.

Prenota l'autbus su **www.highway-buses.jp** (una cinquantina di euro andata e ritorno)

COME ARRIVARE?
Io sono partito da Tokyo. Dalla stazione di Shinjuku c'è un bus che in 3 ore ti porta alla Stazione Numero Cinque, quella in cui inizia la scalata, a 2300 metri (mica male, oh).

QUALI SONO I PERCORSI?
Di percorsi per arrivare in cima al Fuji ce ne sono 4, ma io ti consiglio lo Yoshida Trail perché è il più facile e il più famoso. In più è pieno di rifugi, così ti puoi riposare per bene (vedrai come ci sta un bel tè caldo, brrr).

Il **Monte Fuji** è simbolo nazionale. La sua forma conica perfetta ha ispirato l'arte giapponese per secoli. Pensa che è diventato Patrimonio Mondiale dell'UNESCO nel 2013. E che fai? Non lo scali un bel coso così? Te ne privi?

Prenota il rifugio su **www.fujimountainguide.com** (un'ottantina di euro per una notte)

POSSO FARLO IN GIORNATA?

Sì, ma è molto <u>sconsigliato</u> se non sei escursionista esperto. Piuttosto fai come ho fatto io: arrivi a metà del percorso, dormi in un rifugio fino alle due di notte e fai il pezzo finale al buio, che è un'esperienza magica (si vede tutta la via lattea). Così arrivi in cima giusto per l'alba e poi puoi scendere giù in tranquillità (si fa per dì). Se fai andata e ritorno in giornata... guarda che l'è dura.

Non dimenticarti nulla, che poi te ne penti!

COSA DEVO PORTARE?

Nonostante sia estate, in cima fa veramente freddo. Vestiti a cipolla, per ogni evenienza. Le cose fondamentali da portare sono:

-zaino impermeabile
-bastoncini da trekking
-scarponi da trekking
-borracce d'acqua
-lampada da testa
-crema solare
-powerbank
-soldi in contanti

TIMBRI SUL BASTONE

Io sono un f*ttuto minimalista e non colleziono nulla, ma a Debora piacciono queste cose. All'inizio del percorso, nella Stazione Numero Cinque, puoi acquistare un bastone di legno: durante la scalata, se lo richiedi, in ogni rifugio ti incideranno un timbro a fuoco, per il costo di due o tre euro. Dai, un bel ricordo da portare con te. Collezionali tutti! (cit.)

Per scalare il Fuji ti chiedono una piccola tassa di **una decina di euro**. Ci sta.

LA VISTA PIÙ BELLA DEL MONDO
Ora ti dico la parte più bella di questa avventura... Sei lì che scali, che sudi al freddo e al buio insieme ad altre migliaia di persone, quando all'improvviso arriva l'alba. Questo è quello che potrai ammirare in cima: un mare di nuvole infinito, e il sole che ti dà il buongiorno.
Ho ancora la pelle d'oca (brrr).

PS: questi timbri non sono solo sul Monte Fuji, ma ovunque in Giappone! Nelle stazioni, nei templi e in tutti i principali luoghi d'interesse!

Odio quando vengono male

Ovviamente sul Monte Fuji ci sono anche **i timbri "normali"**, oltre che quelli incisi al fuoco sul bastone. Insomma, se anche tu collezioni ossessivamente timbri, il Giappone è il tuo paradiso.

RINGRAZIAMENTI

"Ogni storia ha una fine, ma non è la fine di tutto, è solo l'inizio di nuove esperienze"

Antonio Gravina

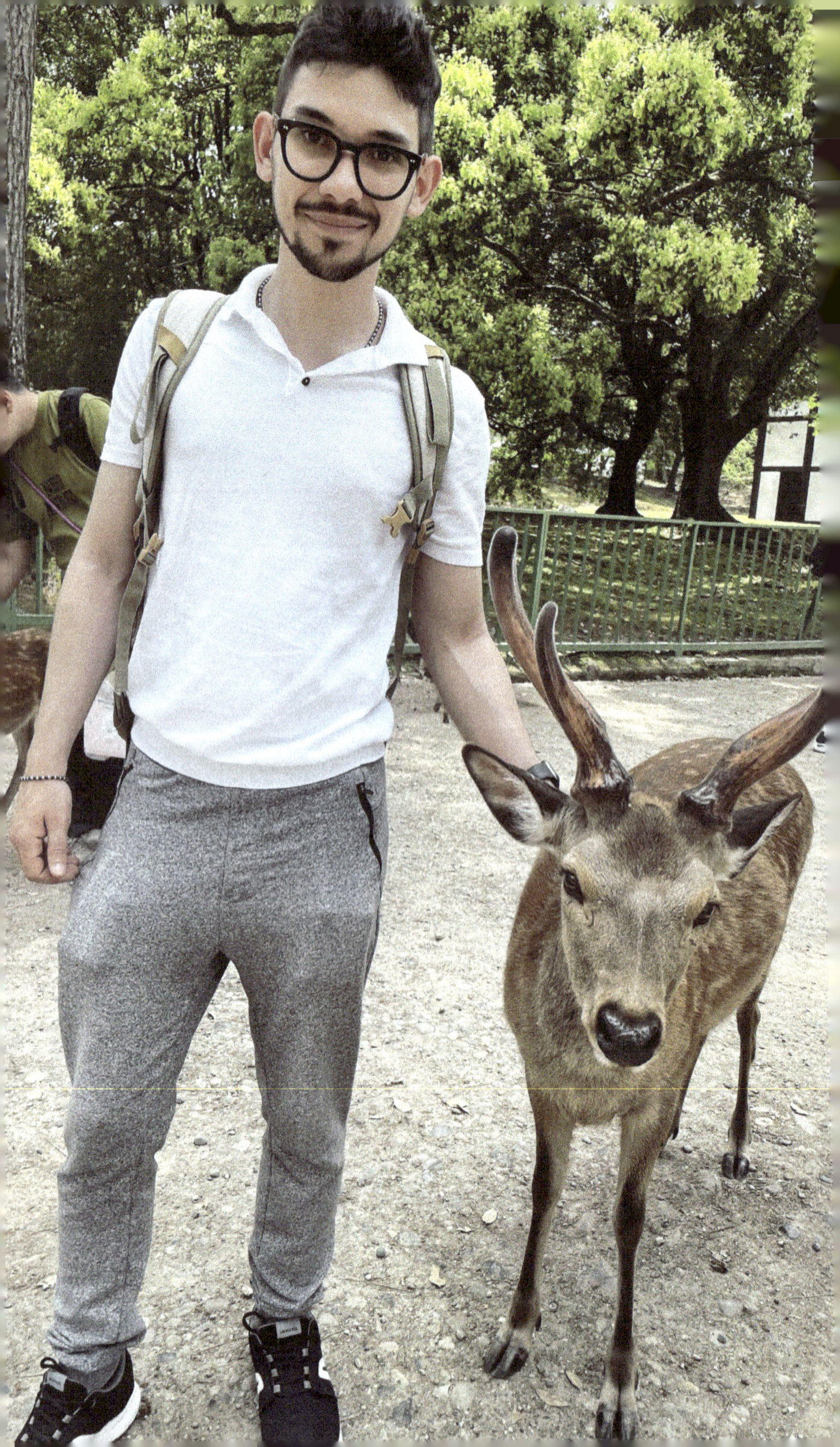

SIAMO ARRIVATI ALLA FINE

La fine di un'avventura cartacea e l'inizio di un'avventura fisica. Hai già preso il biglietto? Scrivere questa Guida è stato emozionante. Ho ripercorso un pezzo della mia vita e momenti meravigliosi che ho condiviso con le persone a cui voglio bene. Spero con tutto il cuore che possa esserti d'aiuto.

Quindi il primo grazie che devo fare è a **te**. Grazie per aver letto la mia Guida e per averla scelta! Grazie a Giulia, Diego, Elena e gli altri studenti che hanno letto in anteprima la guida fornendo feedback importanti.

Grazie anche alla mia compagnia **Debora** che con i suoi consigli e la sua esperienza, ha contribuito nella stesura di questa Guida.

E grazie mille anche a **Fabrizio**, che ha impiegato 45 ore per rileggerla tutta, migliorarla e scovare gli errori.

Grazie a tutti i designer che hanno permesso di rendere la grafica così carina:
Elenca Carta per la copertina
Chanut-is-Industries
Freepik - Nikita Gobulev
Juicy_fish - Smashicons
Justicon - Paul J.
Freepik

Alla prossima!

Indice

INTRODUZIONE..................................pag. 07
Perché fare un viaggio in Giappone

IL PAESE..pag. 15
Le stagioni
Fuso orario e clima
Info generali

ORGANIZZARE IL VIAGGIO..................pag. 37
Istruzioni per usare questa guida
10 regole da sapere
L'itinerario
Il volo
L'alloggio
3 catene economiche di hotel
L'assicurazione sanitaria
Immigrazione
Il Jet Lag

BAGAGLI MAI PIÙ UN PESO.................pag. 67
Preparare la valigia
Cose indispensabili

COME SPOSTARSI IN GIAPPONE..........pag. 79
I mezzi di trasporto
Abbonamenti
Sempre connessi

ATTIVITÀ GIAPPONESI........................pag. 95
Attività ed esperienze da non perdere

CUCINA GIAPPONESE........................pag. 101
Patrimonio dell'UNESCO
Yaki
Fritti
Ramen
Noodles
Altro
Sushi
Dolci
Bevande

DOVE MANGIARE.............................pag. 149
Catene economiche
Colazione
Ramen
Sushi
Hamburger
Varie
Dolci
Konbini
Sezione top secret
Depachika

FARE SHOPPING..............................pag. 173
Souvenir
Abbigliamento
Negozi otaku
Tecnologia
I konbini

FESTE ED EVENTI............................pag. 193
Introduzione

MINI GUIDA DI TOKYO.....................pag. 207
Introduzione
I quartieri principali

GUIDA ALLA SCALATA DEL M. FUJI....pag. 223
La montagna più alta del Giappone

RINGRAZIAMENTI............................pag. 231

Milton Keynes UK
Ingram Content Group UK Ltd.
UKHW050706140724
445563UK00010B/90